Schöne Geschenke
aus der Küche

Inhalt

Einleitung

Geschmackvolle Geschenke

Früher standen selbst gemachte Geschenke aus der Küche auf der Tagesordnung – schließlich hatte man die Zutaten dafür oftmals selber im Garten und es war selbstverständlich, Dinge selber herzustellen. Heute hat sich das leider sehr gewandelt: Zu wenig Zeit, zu wenig Muße, zu wenig Ideen, so lauten oft die Argumente, um zu einem bestimmten Anlass einfach doch noch schnell ein oftmals wenig individuelles Geschenk im Laden zu kaufen. Umso größer ist die Freude, wenn tatsächlich jemand die Küchenschürze umbindet und seine Lieben mit einem selbst gemachten Geschenk aus der eigenen Küche überrascht. Die Palette reicht dabei von süßen Geschenken wie Pralinen und Marmeladen für kleine Naschkatzen über eingelegtes Obst bis hin zu herzhaften und süßen Knabbereien für den Fernsehabend oder einfach so für zwischendurch.

Damit Ihre kulinarischen Geschenke auch gelingen, sollten – gerade beim Einmachen und Einkochen – einige wichtige Punkte beachtet werden. Im Folgenden haben wir daher für Sie ein paar nützliche Tipps zusammengestellt, die Ihnen bei der Zubereitung Ihrer kulinarischen Präsente helfen sollen.

Tipps zum Einmachen und Einkochen

Damit sich Eingekochtes möglichst lange hält, ist eine sorgfältige Auswahl der verwendeten Zutaten unabdingbar. Wesentlich ist auch die Hygiene in der Küche. Ein besonderes Augenmerk sollte dabei auf der Reinigung der zu verwendenden Gläser liegen und auch beim Vorbereiten und Verschließen ist Sauberkeit das oberste Gebot.

Nur Zutaten bester Qualität verwenden

Für das Gelingen von Konfitüren, Kompott und Gelee ist die Qualität der verwendeten Früchte entscheidend. Kaufen Sie daher immer frische Ware ohne Druckstellen, faule oder schimmelige Stellen. Waschen Sie das Obst vor der Verwendung gründlich und sortieren Sie eventuell beschädigte Früchte aus. Die aromatischsten Brotaufstriche entstehen aus reifen, erntefrischen Früchten.

Geeignete Gefäße

Zum Einmachen sollten Sie spezielle Einmachgläser oder einfache Gläser mit Schraubverschluss verwenden. Greifen Sie nur zu Gläsern, die völlig unbeschädigt sind. Die Größe der

Gläser richtet sich in erster Linie nach Ihrem persönlichen Verbrauch. Grundsätzlich sollten Sie aber lieber kleinere Gläser verwenden, die Sie nach dem Öffnen rasch aufbrauchen können.

Sauberkeit ist oberstes Gebot

Gläser und Flaschen müssen vor dem Befüllen gründlich gereinigt werden. Wenn Eingemachtes kochend heiß in die Gläser gefüllt wird, genügt es, diese vor dem Gebrauch sorgfältig in heißem Wasser mit einem handelsüblichen Spülmittel zu spülen. Danach nochmals mit klarem, heißem Wasser nachspülen und mit der Öffnung nach unten auf einem sauberen Geschirrtuch abtropfen lassen. Wenn Sie die Gläser in der Spülmaschine reinigen, sollten Sie sie nach dem Spülgang ebenfalls mit klarem Wasser nachspülen, da Spülmittelreste die Gelierung beeinträchtigen.

Wird das Eingemachte nicht kochend heiß in die Gläser gefüllt, sollten die Gläser zusätzlich sterilisiert, also keimfrei gemacht werden. Die einfachste Methode zum Sterilisieren ist es, die Gläser samt Deckel bei 180 °C für 15 Minuten in den vorgeheizten Backofen zu schieben.

Durch die Hitze werden alle Keime abgetötet. Sie können die Gläser und Deckel auch in einen großen Topf mit Wasser legen, dieses zum Kochen bringen und die Gläser darin ca. 5 Minuten kochen, dann bis zur Verwendung im heißen Wasser liegen lassen. Ganz einfach ist es auch, die Gläser etwa bis zur Hälfte mit heißem Wasser zu füllen und in der Mikrowelle bei 600 Watt zu erhitzen, bis das Wasser kurz kocht.

Einfüllen des Kochguts

Bevor Sie das Kochgut in Gefäße füllen, sollten Sie zunächst testen, ob die Fruchtmasse ausreichend fest ist. Geben Sie dazu 1–2 Teelöffel von Marmelade, Konfitüre oder Gelee auf einen kalten Teller („Gelierprobe"). Wenn die Flüssigkeit nicht fließt und sich eine feine Haut bildet, ist der notwendige Gelierungsgrad erreicht.

Beim Einfüllen des Kochguts muss unbedingt auf Sauberkeit geachtet werden. Nach dem Abfüllen muss der Glasrand sauber abgewischt werden, da solche Reste Keimen eine hervorragende Angriffsfläche bieten. Dann sofort mit dem heißen Deckel verschließen und für 5 Minuten auf den Kopf stellen. So entsteht ein keimfreies Vakuum, das für lange Haltbarkeit sorgt.

Wenn Sie Kompotte oder rohe Früchte einkochen möchten, gelingt dies am besten mithilfe eines speziellen Einkochtopfes, der mit Druck arbeitet. Das Kochgut wird in die Einmachgläser gefüllt, der Deckel mit einem neuen, feuchten Gummiring aufgelegt und mit einer Klammer fixiert. Dann wird das Kochgut im Topf nach Anleitung eingekocht. Alternativ kann man dies auch in der Fettpfanne des Backofens machen. Die Fettpfanne mit einem Abtrockentuch belegen, die Gläser daraufstellen und die Fettpfanne mit Wasser füllen. In den 175 °C heißen Backofen (Ober- und Unterhitze) stellen und die Temperatur konstant lassen, bis im Glas Luftbläschen aufsteigen. Bei Obst nun den Backofen ausschalten und die Gläser 30 Minuten darin ruhen lassen. Dann herausnehmen. Bei anderem Kochgut die Temperatur auf 150 °C reduzieren, 90 Minuten einkochen, dann den Ofen ausschalten und die Gläser noch 30 Minuten ruhen lassen. Die Gläser herausnehmen und die

Klammern erst nach dem Erkalten ablösen. Dann die Deckel auf Festigkeit überprüfen und die Gläser beschriften.

Richtige Lagerung

Verwahren Sie Ihre Gläser an einem nicht zu hellen, kühlen und trockenen Ort auf. Kontrollieren Sie die Gläser von Zeit zu Zeit auf Schimmelbefall und prüfen Sie regelmäßig, ob die Gläser noch verschlossen sind. Gase von Schimmel und Fäulnis führen dazu, dass der Deckel hochgedrückt wird und das Glas nicht mehr dicht ist. Grundsätzlich ist das Einkochgut ungeöffnet mehrere Monate haltbar. Bedenken Sie aber, dass es mit zunehmen-

der Lagerung an Aroma verliert. Nach dem Öffnen sollte das Glas unbedingt im Kühlschrank aufbewahrt werden.

Das i-Tüpfelchen: eine schöne Verpackung

Eine individuelle Verpackung gibt Ihren Geschenken den letzten Schliff! Und die Möglichkeiten sind hier schier unbegrenzt.

Marmeladen & Gelees

- Versehen Sie Ihre Gläser mit selbst gestalteten Etiketten und vergessen Sie nicht, Monat und Jahr der Herstellung anzugeben.
- Schneiden Sie kleine Quadrate aus hübschem Stoff aus und befestigen Sie die Stoffquadrate mit einem schönen Satinband am Deckel. Besonders schön wirkt auch Bast, den Sie ruhig großzügig um den Marmeladendeckel wickeln können.

Pralinen, Trüffel & Konfekt

- Hier gibt es im Handel passende Alu-Pralinenförmchen zu kaufen, die verhindern, dass die selbst gemachten Köstlichkeiten aneinanderkleben. Die gleichen Förmchen sind auch aus Papier erhältlich.
- Als Geschenkbox eigenen sich sehr gut kleine Pappschachteln, Holzkistchen oder Blechdosen, die Sie

z.B. mit Butterbrotpapier auslegen können. In jedem Fall sollten Sie darauf achten, dass die kleinen Kunstwerke beim Transport nicht zu warm werden, da sie schnell aus der Form geraten.

Plätzchen, trockenes Kleingebäck und Knabbereien

- Der Handel hält bereits unterschiedlich bedruckte Cellophantütchen bereit, in der Ihre Geschenke aus der Küche gleich noch mal so gut daherkommen. Mit einem hübschen Satinband versehen, haben Sie so ganz schnell eine geeignete Verpackung für alle trockenen Kleingebäcke.
- Auch simple Butterbrotbeutel eignen sich als Geschenkverpackung. Sie können die Tüten beispielsweise selbst bemalen, bedrucken, den Rand mit einer Konturenschere verschönern und mit farbigen Bändern aufpeppen.

Cakepops, Cupcakes & Macarons

- Die Trendgebäcke sind nicht ganz einfach zu transportieren, aber mit ein wenig Fantasie haben Sie auch für diese Köstlichkeiten blitzschnell eine hübsche Verpackung parat.

- Für Cupcakes eigenen sich z. B. Schuhkartons, die Sie hübsch bekleben und nach eigenen Gusto verzieren können. Auch einzeln in Cellophan verpackt, machen die Cupcakes richtig was her. Wer möchte, kann aber auch hier fertige Transportschachteln speziell für Cupcakes im Handel erwerben.
- Cakepops am besten einzeln in Cellophan verpacken und mit einem hübschen Bändchen zu einem Sträußchen zusammenbinden.
- Macarons werden am besten ähnlich wie Pralinen in flachen Pappschachteln, Holzkistchen oder Blechdosen transportiert, die Sie mit Schleifen und Aufklebern selbst gestalten können und mit Butterbrotpapier oder Seidenpapier auslegen.

Süße Kleinigkeiten aus der Backstube

Erdnussbutter-Gnocchi

Für 35 Stück

125 g Mehl
1 Eigelb
50 g feiner Zucker
1 Prise Salz
100 g weiche Butter
2 El Crunchy-Erdnussbutter
Puderzucker zum Bestäuben

Zubereitungszeit: ca. 35 Minuten (plus Back- und Abkühlzeit)

1 Den Backofen auf 180 °C (keine Umluft) vorheizen. Alle Zutaten für den Teig zügig miteinander verkneten.

2 Mit möglichst kühlen und leicht bemehlten Händen walnussgroße Stücke von dem Teig abnehmen und zu Kugeln rollen. Die Kugeln nicht zu eng auf mit Backpapier ausgelegte Backbleche legen und mit dem Rücken einer Gabel jede Teigkugel flach drücken.

3 Auf der mittleren Schiene ca. 10 Minuten goldbraun backen. Auf einem Kuchengitter auskühlen lassen und anschließend dünn mit Puderzucker bestäuben.

Schwarzweißgebäck

Für 40 Stück

150 g Butter
75 g Puderzucker
1 Prise Salz
1 Vanilleschote (Mark)
200 g Mehl
30 g dunkles Kakaopulver
1 Eigelb
2 El Sahne

Zubereitungszeit: ca. 50 Minuten (plus Kühl- und Backzeit)

1 Butter, Puderzucker, Salz und Vanillemark cremig rühren. Das Mehl darübersieben und alles zu einem geschmeidigen Teig kneten. Den Teig halbieren. Über eine Hälfte das Kakaopulver sieben und unterkneten. Beide Teige zu Kugeln formen, in Frischhaltefolie wickeln und 2 Stunden kühl stellen (nicht in den Kühlschrank).

2 Die beiden Teige halbieren. Jede Hälfte zu ca. 5 mm dicken, gleich großen Rechtecken ausrollen. Ein helles Teigrechteck auf ein dunkles legen und von der Längsseite her straff aufrollen. Der Teig darf aber nicht zusammengedrückt werden, da sonst das Schwarzweißmuster zerstört wird. Restlichen hellen und dunklen Teig ebenso vorbereiten.

3 Backofen auf 180 °C (Umluft 160 °C) vorheizen. Ein Backblech mit Backpapier auslegen. Aus den Teigrollen ca. 5 mm dicke Plätzchen schneiden und auf das Backblech legen.

4 Das Eigelb mit der Sahne verquirlen und die Plätzchen dünn damit bepinseln. Ca. 12 Minuten backen. Vom Blech nehmen und auf einem Kuchengitter auskühlen lassen.

Schwarzer Heidesand

Für 50 Stück

230 g Butter
30 g dunkle Kuvertüre
(70 % Kakaoanteil)
250 g Zucker
2 Prisen Meersalz
400 g Mehl
4 El Kakaopulver
4 El Zucker zum Wälzen

Zubereitungszeit: ca. 35 Minuten
(plus Kühl- und Backzeit)

1 Butter in einer Pfanne leicht bräunen lassen. Kuvertüre in kleine Stücke brechen und darin schmelzen lassen. Die Masse in eine Schüssel geben und im Kühlschrank fest werden lassen. Die Schokoladenbutter mit dem Handrührgerät schaumig aufschlagen, Zucker und Salz unterrühren.

2 Mehl mit Kakaopulver mischen und auf die Schokoladenmasse sieben. Erst mit den Knethaken zu einer bröseligen Masse rühren, dann rasch zu einem glatten Teig kneten. Teig zu einer Rolle von 6 cm Durchmesser formen, im restlichen Zucker wälzen. In Frischhaltefolie wickeln und 1 Stunde kühl stellen.

3 Backofen auf 180 °C (Umluft 160 °C) vorheizen. Backbleche mit Backpapier auslegen. Die Teigrolle in 50 Scheiben schneiden, auf die Backbleche legen und 15–18 Minuten backen. Auf einem Kuchengitter auskühlen lassen.

Tipp:

Wenn Sie normalen Heidesand backen möchten, nehmen Sie statt 230 g Butter 250 g und lassen Schokolade und Kakao weg.

Hefeschnecken mit Füllung

Für 16 Stück

250 g Weizenmehl
1 Prise Salz
20 g frische Hefe
125 ml lauwarme Milch
1 El Zucker
50 g flüssige Butter
100 g kandierte Mandeln
20 g Rosinen in Rum
100 g Puderzucker
4 El Zitronensaft
Mehl für die Arbeitsfläche

Zubereitungszeit: ca. 40 Minuten (plus Geh- und Backzeit)

1 Mehl und Salz miteinander mischen, in die Mitte eine Mulde drücken. Hefe hineinbröckeln, 60 ml lauwarme Milch dazugießen, Zucker zugeben und zu einem Vorteig verrühren. An einem warmen Ort abgedeckt etwa 20 Minuten gehen lassen.

2 Anschließend die flüssige Butter und die restliche lauwarme Milch zu einem geschmeidigen Teig verkneten, der sich vom Schüsselboden löst. Teig erneut 30 Minuten gehen lassen.

3 Die Mandeln fein mahlen, mit 2 El Wasser und den Rosinen mischen. Den Teig auf einer bemehlten Arbeitsplatte rechteckig ausrollen. Die Mandelmasse daraufstreichen und den Teig von der Längsseite her zusammenrollen. In 1 ½ cm dicke Scheiben schneiden.

4 Hefeschnecken im vorgeheizten Ofen bei 200 °C (Umluft 180 °C) etwa 10 Minuten backen. Aus Puderzucker und Zitronensaft einen Guss rühren und das Gebäck damit einstreichen.

Nussecken

Für 20 Stück

Für den Teig
300 g Mehl (Type 405)
½ Tl Backpulver
150 g kalte Butter
60 g Zucker
1 Prise Salz, 1 Ei

Für den Belag
200 g gemahlene Haselnüsse
200 g gemahlene Mandeln
200 g Marzipanrohmasse
2 El Weinbrand
250 g Zucker
2 P. Vanillezucker
150 g Butter
100 g Crème fraîche

Außerdem
weiche Butter für das Blech
Mehl für die Arbeitsfläche
200 g dunkle Kuvertüre zum Verzieren

1 Für den Teig das Mehl mit dem Backpulver mischen und in eine Schüssel sieben. Die Butter in Flöckchen darauf verteilen. Zucker, Salz und Ei hinzugeben. Alles mit den Händen zügig zu einem glatten Teig verkneten. Den Teig zur Kugel rollen und in Frischhaltefolie wickeln. Für ca. 1 Stunde im Kühlschrank ruhen lassen.

2 Den Backofen auf 175 °C (Umluft 155 °C vorheizen. Das Backblech einfetten. Den Teig auf einer bemehlten Arbeitsfläche in Größe des Backblechs ausrollen. Auf das Blech legen und mehrfach mit einer Gabel einstechen.

3 Für den Belag die gemahlenen Haselnüsse und Mandeln in einer Pfanne ohne Fett leicht anrösten, bis sie anfangen zu duften, dann vom Herd nehmen. Das Marzipan auf der Küchenreibe reiben und zusammen mit dem Weinbrand, dem Zucker, dem Vanillezucker und den gerösteten Nüssen und Mandeln in eine Schüssel geben.

4 Butter mit Crème fraîche in einen Topf geben und zerlassen. Diese Mischung zu den Nüssen geben und alles mit einem Kochlöffel verrühren. Auf den Teigboden geben und glatt streichen. Die Masse auf der mittleren Schiene ca. 20 Minuten backen. Herausnehmen und abkühlen lassen. Dann den Kuchen in Quadrate schneiden und diese diagonal in Dreiecke. Die Dreiecke mit etwas Abstand auf Backpapier legen. Die Kuvertüre klein hacken und im heißen Wasserbad schmelzen. Die beiden gegenüberliegenden Spitzen der Dreiecke in die Kuvertüre tauchen. Vollständig aushärten lassen.

Zubereitungszeit: ca. 45 Minuten (plus Ruhe-, Back- und Abkühlzeit)

Trockenobst-Nuss-Schnitten

Für 35 Stück

100 g getrocknete Aprikosen
50 g getrocknete Pflaumen
100 g gehackte Mandeln
50 g Amaranth
100 g Haferflocken
50 g Butter
100 g flüssiger Honig
100 ml Sahne
Backoblaten

Zubereitungszeit: ca. 30 Minuten (plus Backzeit)

1 Die getrockneten Aprikosen und Trockenpflaumen fein hacken und mit den gehackten Mandeln, dem Amaranth und den Haferflocken mischen.

2 Butter zerlassen, mit dem füssigen Honig und der Sahne verrühren und in einem Topf aufkochen. Die Trockenobstmischung dazugeben und etwas einkochen lassen.

3 Ein Backblech auf einer Fläche von 20 x 15 cm mit Backoblaten belegen und die Masse daraufstreichen. Im vorgeheizten Backofen bei 175 °C (Umluft 155 °C) etwa 15 Minuten backen. Abkühlen lassen.

Kaffee-Brownies

Für 20 Stück

125 g Mehl
125 g Puderzucker
1 ½ Tl Backpulver
25 g Kakaopulver
1 Prise Salz
250 g gehackte Mandeln
150 g Zartbitterkuvertüre
150 g Butter
3 Eier
60 ml starker Espresso
3 El Crème de Cacao
1 P. Kuchenglasur
Öl für die Alufolie
Mokkabohnen zum Verzieren

Zubereitungszeit: ca. 35 Minuten (plus Back- und Abkühlzeit)

1 Mehl, Puderzucker, Backpulver und Kakaopulver in eine Schüssel sieben, Salz und Mandeln daruntermischen. Backofen auf 180 °C (Umluft 160 °C) vorheizen. Ein Backblech mit Alufolie auslegen, die Folie dünn mit Öl bepinseln.

2 Die Kuvertüre in Stücke brechen und mit der Butter bei kleiner Hitze schmelzen lassen, miteinander verrühren. Etwas abkühlen lassen, dann die Eier und zuletzt die Mehlmischung unterrühren. Espresso und Crème de Cacao zugeben. Die Masse auf das Backblech gießen, gleichmäßig verteilen und glatt streichen, etwa 25 Minuten backen.

3 Die Brownies abkühlen lassen. Kuchenglasur nach Packungsanleitung vorbereiten, gleichmäßig auf den Kuchen streichen. Die Kuchenplatte in Quadrate schneiden und jedes Quadrat mit 1 Mokkabohne dekorieren.

Minzplätzchen
mit After Eight

Für 45 Stück

50 g After-Eight-Täfelchen
125 g weiche Butter
50 g Puderzucker
Salz
1 Ei
250 g Mehl
1 Tl Backpulver
2 El Kakaopulver
100 g weiße Kuvertüre
Mehl für die Arbeitsfläche

Zubereitungszeit: ca. 30 Minuten (plus Kühl-, Back- und Abkühlzeit)

1 After-Eight-Täfelchen würfeln, zusammen mit der Butter, dem Puderzucker und Salz in eine Rührschüssel geben und mit den Knethaken eines Handrührgeräts verrühren. Das Ei hinzufügen und unterrühren. Mehl, Backpulver und Kakao mischen und zum Teig geben. Alles zu einem glatten Teig verkneten und etwa 2 Stunden kalt stellen.

2 Den Backofen auf 160 °C (Umluft 140 °C) vorheizen. Den Teig auf einer bemehlten Arbeitsfläche dünn ausrollen und mit Förmchen Plätzchen ausstechen. Diese auf ein mit Backpapier ausgelegtes Backblech setzen.

3 Die Plätzchen auf mittlerer Schiene etwa 12 Minuten backen, danach auskühlen lassen. Die Kuvertüre im warmen Wasserbad schmelzen lassen und die Plätzchen damit verzieren.

Gewürzbrownies mit Cognac

Für 24 Stück

50 g getrocknete Aprikosen
50 g getrocknete Pflaumen
6 El Cognac
100 g Zartbitterschokolade
125 g weiche Butter
3 Eier
250 g Zucker
1 P. Vanillezucker
120 g Mehl
½ Tl Backpulver
1 Prise Salz
1 Msp. gemahlene Gewürznelke
1 Msp. gemahlener Kardamom
½ Tl Zimt
50 g gehackte Walnüsse
100 g Puderzucker

Zubereitungszeit: ca. 30 Minuten (plus Zieh-, Back- und Abkühlzeit)

1 Aprikosen und Pflaumen fein hacken und mit 4 El Cognac etwa 1 Stunde durchziehen lassen.

2 Die Schokolade im warmen Wasserbad auflösen. Die Butter unter Rühren in der heißen Schokolade schmelzen. Abkühlen lassen.

3 Eier, Zucker und Vanillezucker mit den Besen eines Handrührgeräts schaumig schlagen. Butter-Schoko-Mischung unterrühren. Dann Mehl, Backpulver und Gewürze unterrühren und zum Schluss die Walnüsse und die Trockenfrüchte unterheben.

4 Den Backofen auf 180 °C (Umluft 160 °C) vorheizen. Ein Blech mit Backpapier auslegen und mit Alufolie halbieren. Den Teig auf einer Hälfte verteilen und auf mittlerer Schiene etwa 20 Minuten backen.

5 Den gesiebten Puderzucker mit dem restlichen Cognac glatt rühren. Den Kuchen auskühlen lassen und damit bestreichen, dann in Quadrate schneiden.

Florentiner

Für 30 Stück

200 g Mandelstifte
100 g gewürfeltes Orangeat
50 g Butter
125 ml Sahne
200 g Zucker
125 g Mehl
125 g geschmolzene dunkle Kuvertüre
Fett für das Blech

Zubereitungszeit: ca. 20 Minuten (plus Backzeit)

1 Die Mandelstifte mit dem gewürfelten Orangeat, der Butter, Sahne und dem Zucker sowie dem Mehl verrühren, in einem Topf aufkochen.

2 Mit 2 Tl aus dem Teig ca. 30 kleine Portionen abstechen und als Häufchen auf ein gefettetes Backblech setzen. Im Ofen bei 225 °C (Umluft 200 °C) etwa 10 Minuten backen.

3 Mit der geschmolzenen Kuvertüre bestreichen und abkühlen lassen.

Erdnuss-Karamell-Würfel

Für 30 Stück

200 g Mehl
100 g gemahlene Mandeln
125 g Zucker
1 Ei
1 Prise Salz
150 g Butter
500 ml Sahne
300 g Grümmel-Kandis-zucker
50 g Butter
5–6 El Baileys (Whisky-Sahne-Likör)
200 g gehackte ungesalzene Erdnüsse

Zubereitungszeit: ca. 1 Stunde (plus Kühl-, Back- und Kochzeit)

1 Mehl in eine Schüssel sieben. Eine Mulde formen und Mandeln, Zucker, Ei und Salz hineingeben. Die Butter in Stücke schneiden und am Rand verteilen. Alles rasch zu einem glatten Teig verkneten. Etwa 1 Stunde kühl stellen.

2 Backofen auf 180 °C (Umluft 160 °C) vorheizen. Eine flache Backform (ca. 35 x 25 cm) mit Backpapier auslegen. Den Teig ½ cm dick ausrollen und in die Form legen. Auf mittlerer Einschubleiste etwa 10 Minuten backen.

3 Sahne, Kandiszucker, Butter, Likör und Erdnüsse in einem Topf unter ständigem Rühren bei kleiner Hitze etwa 40 Minuten kochen, bis die Masse hellbraun und dickflüssig ist. Auf den gebackenen Teigboden streichen. Wenn das Karamell abgekühlt ist, in Quadrate schneiden.

Chartreuse-Dreiecke

Für 30 Stück

125 g Butter
125 g Zucker
2 Eigelb
125 g gemahlene abgezogene Mandeln
4 cl Chartreuse (40 %)
75 g Mehl
2 Eiweiß
100 g Aprikosenkonfitüre
150 g Vollmilchkuvertüre
30 g Mandelstifte

Zubereitungszeit: ca. 45 Minuten (plus Backzeit)

1 Butter und Zucker mit dem Handrührgerät schaumig rühren, dann das Eigelb unterrühren. Mandeln, Chartreuse und Mehl nacheinander unterrühren.

2 Backofen auf 180 °C (Umluft 160 °C) vorheizen. Ein Backblech mit Backpapier auslegen. Das Eiweiß steif schlagen und unter den Teig heben. Teig auf das ausgelegte Backblech streichen. Auf der mittleren Einschubleiste etwa 15 Minuten backen.

3 Den noch warmen Kuchen in Dreiecke schneiden. Je 2 Dreiecke mit etwas Aprikosenkonfitüre zusammensetzen. Kuvertüre im warmen Wasserbad schmelzen. Die Dreiecke damit überziehen und mit den Mandelstiften garnieren.

Baumkuchenspitzen

Für 40 Stück

250 g weiche Butter
250 g Zucker
7 Eier, getrennt
150 g Mehl
100 g Speisestärke
1 Tl abgeriebene Schale von 1 unbehandelten Orange
1 Tl abgeriebene Schale von 1 unbehandelten Zitrone
1 Vanilleschote (Mark)
1 Prise Salz
2 Tl Kakaopulver
150 g weiße Kuvertüre
150 g Vollmilchkuvertüre

Zubereitungszeit: ca. 1 Stunde (plus Abkühlzeit und Zeit zum Trocknen)

1 Butter mit Zucker schaumig rühren. Die Eigelbe nacheinander unterrühren. Mehl mit Speisestärke, Orangen- und Zitronenschale sowie Vanillemark vermischen und nach und nach unter den Teig rühren. Eiweiß mit Salz steif schlagen und unter den Teig ziehen. Teig halbieren und eine Hälfte mit dem Kakao verrühren.

2 Eine Springform (28 cm Ø) mit Backpapier auslegen. Den Grill des Backofens vorheizen. Etwa 2 El hellen Teig auf dem Backpapier verstreichen und auf der mittleren Einschubleiste 1–2 Minuten backen. Dann etwa 2 El dunklen Teig aufstreichen und backen. So fortfahren bis der Teig verbraucht ist. Acht geben, dass die Schichten zwar gar, aber nicht zu dunkel werden.

3 Den ausgekühlten Kuchen auf ein Brett stürzen. Den Baumkuchen in etwa 3 cm breite Streifen, dann in Dreiecke schneiden. Beide Sorten Kuvertüre getrennt im Wasserbad schmelzen. Die Hälfte der Baumkuchenspitzen in helle, die andere in dunkle Kuvertüre tauchen, abtropfen und auf einem Kuchengitter trocknen lassen. Restliche Kuvertüre erwärmen, in Spritztüten aus Pergament füllen und die Baumkuchenspitzen damit verzieren.

Pecannuss-Stückchen

Für 16 Stück

1 Ei
100 g weiche Butter
100 g Zucker
1 Tl Rübensirup
½ Tl gemahlene Vanille
¼ Tl Salz
175 g Mehl
½ Tl Zimt
100 g gehackte Pecannüsse
Fett für das Blech

Zubereitungszeit: ca. 25 Minuten (plus Backzeit)

1 Das Ei trennen. Die Butter mit 50 g Zucker, dem Rübensirup, der gemahlenen Vanille, dem Salz und dem Eigelb verrühren. Mehl dazusieben und einen festen Teig herstellen.

2 Auf ein gefettetes Backblech (20 x 20 cm) geben und im vorgeheizten Ofen bei 190 °C (Umluft 170 °C) etwa 10 Minuten backen.

3 Eiweiß steif schlagen, den restlichen Zucker, den Zimt und die gehackten Pecannüsse unterheben. Die Masse auf dem Teig verteilen und im Ofen weitere 10 Minuten backen. Abkühlen lassen und in 16 Stücke schneiden.

Kokos-Orangen-Häufchen

Für ca. 30 Stück

1 Ei
100 g Honig
50 g Butter
2 El Orangenlikör
1 unbehandelte Orange (abgeriebene Schale)
100 g Weizenvollkornmehl
100 g Kokosflocken

Zubereitungszeit: ca. 15 Minuten (plus Backzeit)

1 Das Ei mit dem Honig, der Butter und dem Orangenlikör verrühren. Die Orangenschale, das Weizenvollkornmehl und die Kokosflocken unterheben und einen glatten Teig rühren.

2 Auf ein mit Backpapier ausgelegtes Backblech Teighäufchen setzen und im vorgeheizten Ofen bei 180 °C (Umluft 160 °C) etwa 15 Minuten backen.

Rübli-Kuchen im Glas

Für 4 Gläser

350 g Möhren
4 Eier
Salz
200 g Zucker
1 unbehandelte Zitrone (Saft und Schale)
1 El Kirschwasser
250 g gemahlene Haselnüsse oder Mandeln
1 Tl Speisestärke
Butter und Semmelbrösel für die Gläser
Puderzucker zum Bestäuben (nach Belieben)

Zubereitungszeit: ca. 25 Minuten (plus Backzeit)

1 Die Möhren putzen, schälen und auf der Gemüsereibe fein raspeln. Von 4 Einmach- oder Weckgläsern die Gummiringe abnehmen und in kaltes Wasser legen. Die Gläser einfetten und mit Semmelbröseln ausstreuen. Dabei darauf achten, dass der Rand auf jeden Fall fettfrei bleibt, sonst ist die Haltbarkeit gefährdet. Den Ofen auf 175 °C (Umluft 155 °C) vorheizen.

2 Die Eier trennen. Eiweiß mit 1 Prise Salz sehr steif schlagen und in den Kühlschrank stellen. Das Eigelb mit dem Zucker zu einer dicken, weißlichen Creme aufschlagen. Zitronensaft und -schale sowie das Kirschwasser unterrühren.

3 Die gemahlenen Haselnüsse oder Mandeln mit der Speisestärke mischen und unter die Eigelbmasse heben. Dann die geraspelten Möhren unterrühren. Zuerst ⅓ des Eischnees unterheben, dann vorsichtig den Rest. Die Masse ⅔ hoch in die Gläser füllen und im Backofen auf der mittleren Einschubleiste ca. 45 Minuten backen.

4 Nach Ablauf der Backzeit mit einem Holzstäbchen prüfen, ob die Kuchen durch sind (bleibt Teig an dem Stäbchen hängen, brauchen die Kuchen noch etwas). Wenn die Kuchen fertig gebacken sind, die Gläser sofort mit den Ringen, Deckeln und Klammern fest verschließen. Sobald die Kuchen ausgekühlt sind, können die Klammern entfernt werden. Zum Servieren stürzen und nach Belieben mit Puderzucker bestäuben.

Tipp:

Wenn Sie die Kuchen bald verschenken möchten und sie gar nicht mehrere Monate haltbar sein müssen, können Sie auch normale Gläser verwenden. Stellen Sie aber sicher, dass diese hitzebeständig und eher dickwandig sind. Sehr hübsch sieht es auch aus, wenn man kleine Ton-Blumentöpfe als Backformen benutzt.

Nougat-Plätzchen

Für 20 Stück

Für den Teig
125 g Mehl
1 Eigelb
50 g feiner Zucker
1 Prise Salz
100 g weiche Butter

Für die Füllung und den Überzug
60 g Nuss-Nougat-Creme
100 g dunkle Schokolade

Außerdem
Mehl für die Arbeitsfläche

Zubereitungszeit: ca. 30 Minuten (plus Kühl-, Back- und Abkühlzeit)

1 Das Mehl auf die Arbeitsfläche sieben und eine Mulde hineindrücken. Eigelb, Zucker, Salz und die weiche Butter in kleinen Stücken darin verteilen.

2 Alle Zutaten rasch zu einem gleichmäßigen Teig verkneten und zu einer Kugel formen. Den Teig in Frischhaltefolie wickeln und ca. 30 Minuten im Kühlschrank ruhen lassen.

3 Den Backofen auf 200 °C (Umluft 180 °C) vorheizen. Auf der leicht bemehlten Arbeitsfläche den Teig 3–4 mm dick ausrollen und mit Ausstechformen ca. 40 runde Plätzchen ausstechen.

4 Die Plätzchen auf mit Backpapier ausgelegte Backbleche legen und 8–10 Minuten backen. Auf einem Kuchengitter auskühlen lassen.

5 Die Hälfte der Plätzchen jeweils dünn mit Nuss-Nougat-Creme bestreichen und mit den anderen Plätzchen zusammensetzen. Die Schokolade im Wasserbad schmelzen, die Plätzchen zur Hälfte hineintauchen und auf einem Kuchengitter trocknen lassen.

Macarons, Cake Pops, Cupcakes & Co.

Rotweinmuffins

Für 12 Stück

250 g Butter
250 g Zucker
1 P. Vanillezucker
1 Prise Salz
4 Eier
2 El Rum
250 g Mehl
3 Tl Kakaopulver
3 Tl Backpulver (gestr.)
150 g geriebene dunkle Schokolade (60 % Kakaoanteil)
100 g Mandelstifte
125 ml Rotwein
100 g grob gehackte dunkle Schokolade (70 % Kakaoanteil)
Butter und 2 El gehobelte Mandeln für die Form

Zubereitungszeit: ca. 25 Minuten (plus Backzeit)

1 Backofen auf 180 °C (Umluft 160 °C) vorheizen. Die Formen eines Muffinblechs gut einfetten und mit gehobelten Mandeln ausstreuen. Die Butter geschmeidig rühren. Zucker, Vanillezucker und Salz nach und nach unterrühren und so lange rühren, bis sich der Zucker aufgelöst hat. Die Eier einzeln unterrühren und den Rum zufügen.

2 Mehl, Kakaopulver, Backpulver, geriebene Schokolade und Mandeln miteinander vermischen. Zuerst den Wein, dann die Eiermasse unterrühren; nur so lange rühren, bis sich alle Zutaten vermischt haben.

3 Teig in die Formen des Muffinblechs verteilen, mit gehackter Schokolade bestreuen und 20–25 Minuten backen. Muffins aus der Form nehmen und auf einem Kuchengitter auskühlen lassen.

Macarons
mit Schoko-Orangen-Ganache

Für 25 Stück

Für den Baiserteig
90 g gemahlene Mandeln
150 g Puderzucker
2 Eiweiß (ca. 72 g)
1 Prise Salz
20 g feiner Zucker
orangefarbene Lebensmittelpaste

Für die Füllung
1 unbehandelte Orange
100 g Zartbitterschokolade
130 ml Sahne
1 Tl Honig
1 El Butter
1 El Orangenlikör (nach Belieben)

Außerdem
100 g Zartbitterkuvertüre

1 Die gemahlenen Mandeln mit dem Puderzucker nochmals mahlen. Eiweiß mit dem Salz in eine Rührschüssel geben und mit den Rührbesen des Handrührgeräts anschlagen, bis die Masse weißlich wird. Den feinen Zucker dazurieseln lassen. So lange weiterquirlen, bis sich die Zuckerkristalle aufgelöst haben und die Masse sehr steif ist. So viel Lebensmittelpaste darunterquirlen, bis der gewünschte Farbton erreicht ist. Zum Schluss die Mandel-Puderzucker-Mischung mit einem Kochlöffel in 3 Teilen unterrühren.

2 2 Backbleche mit Backpapier belegen. Die Macaronmasse in einen Spritzbeutel mit glatter Lochtülle füllen und auf jedes Backblech ca. 25 Tupfen von ca. 2 cm Durchmesser spritzen. Die Macarons 10–25 Minuten an der Luft antrocknen lassen. Idealerweise wird in dieser Zeit die Oberfläche ganz glatt, und Luftblasen entweichen.

3 Währenddessen den Backofen auf 150 °C vorheizen. Jedes Blech für ca. 12 Minuten auf der untersten Schiene backen. Dann herausnehmen und die Macarons abkühlen lassen. Nach ca. 2 Minuten vorsichtig umdrehen, damit die Unterseite ausdampfen kann.

4 Für die Füllung die Orange heiß waschen und 1 El Schale in feinen Zesten abreiben. Die Schokolade hacken und zusammen mit der Sahne und dem Honig unter Rühren in einem Topf erhitzen. Wenn die Schokolade vollständig aufgelöst ist, den Topf vom Herd nehmen und die Orangenschale, die Butter und den Orangenlikör unterrühren. Alles auf Zimmertemperatur abkühlen lassen.

Zubereitungszeit: ca. 40 Minuten (plus Ruhe-, Back- und Abkühlzeit)

5 Die Creme auf die Unterseite der Hälfte der Macarons verteilen. Die anderen Macarons auflegen und leicht andrücken.

6 Zum Verzieren die Zartbitterkuvertüre hacken und im heißen Wasserbad zerlassen. In dünnen Fäden über den Macarons verteilen, sodass ein schönes Muster entsteht. Vollständig trocknen lassen und ca. 1 Stunde kühl stellen, damit die Füllung fest wird.

Macarons mit Schokoladenganache

Für 25 Stück

Für den Baiserteig
90 g gemahlene Mandeln
130 g Puderzucker
2 El Kakaopulver
2 Eiweiß (ca. 72 g)
20 g feiner Zucker

Für die Füllung
100 g Zartbitterschokolade
200 ml Sahne

Außerdem
Kakaopulver zum Bestäuben

Zubereitungszeit: ca. 40 Minuten (plus Ruhe-, Back- und Kühlzeit)

1 Die gemahlenen Mandeln mit dem Puderzucker nochmals mahlen. Eiweiß mit dem Salz in eine Rührschüssel geben und mit den Rührbesen des Handrührgeräts anschlagen, bis die Masse weißlich wird. Den feinen Zucker dazurieseln lassen. So lange weiterquirlen, bis sich die Zuckerkristalle aufgelöst haben und die Masse sehr steif ist. Zum Schluss das Kakaopulver zusammen mit der Mandel-Puderzucker-Mischung mit einem Kochlöffel in 3 Teilen unter den Eischnee heben. Die Baisermasse hat dann eine dickschaumige, klebrige Konsistenz.

2 2 Backbleche mit Backpapier belegen. Die Macaronmasse in einen Spritzbeutel mit glatter Lochtülle füllen und auf jedes Backblech ca. 25 Tupfen von ca. 2 cm Durchmesser spritzen. Die Macarons 10–25 Minuten an der Luft antrocknen lassen. Idealerweise wird in dieser Zeit die Oberfläche ganz glatt, und Luftblasen entweichen.

3 Währenddessen den Backofen auf 150 °C vorheizen. Jedes Blech für ca. 12 Minuten auf der untersten Schiene backen. Dann herausnehmen und die Macarons abkühlen lassen. Nach ca. 2 Minuten vorsichtig umdrehen, damit die Unterseite ausdampfen kann.

4 Für die Füllung die Schokolade hacken. Die Sahne in einem Topf unter Rühren erhitzen, nicht aufkochen. Dann den Topf vom Herd nehmen und die Schokolade hineingeben. Unter Rühren die Schokolade darin schmelzen. Alles abkühlen lassen und für mindestens 2 Stunden in den Kühlschrank stellen.

5 Vor dem Servieren die Creme mit den Rührbesen des Handrührgeräts steif schlagen. In einen Spritzbeutel füllen und die Creme auf die Unterseite der Hälfte der Macarons spritzen. Die anderen Macarons leicht andrücken. Mit Kakaopulver bestäubt servieren.

Macadamia-Muffins
mit weißer Schokolade

Für 12 Stück

100 g weiße Schokolade
75 g gesalzene geröstete Macadamianüsse
2 Eier
100 g Butter
100 g Zucker
300 g saure Sahne
60 g Hartweizengrieß
200 g Mehl
2 Tl Backpulver
Butter für das Blech

Zubereitungszeit: ca. 25 Minuten (plus Backzeit)

1 Backofen auf 200 °C (Umluft 180 °C) vorheizen. Die Formen eines Muffinblechs gut einfetten. Weiße Schokolade und Macadamianüsse grob hacken. Eier trennen. Eigelb mit Butter, Zucker und saurer Sahne mit dem Handrührgerät cremig rühren.

2 Macadamianüsse und Schokolade mit Grieß, Mehl und Backpulver mischen. Das Eiweiß steif schlagen. Eischnee auf die Eigelbmasse geben, die Mehlmischung darüber verteilen und alles zügig mit einem Kochlöffel unterheben, bis die trockenen Zutaten feucht sind.

3 Teig in die Formen des Muffinblechs füllen und ca. 20–25 Minuten backen. Aus den Formen nehmen und auf einem Kuchengitter auskühlen lassen.

Macarons
mit Vanillebuttercreme

Für 25 Stück

Für den Baiserteig
90 g gemahlene Mandeln
150 g Puderzucker
2 Eiweiß (ca. 72 g)
1 Prise Salz
1 P. Vanillezucker
blaue Lebensmittelpaste

Für die Füllung
2 Eier
100 g Zucker
1 Prise Salz
½ Tl Vanilleextrakt
125 g Butter
gelbe Lebensmittelpaste

Zubereitungszeit: ca. 1 Stunde (plus Ruhe-, Back- und Kühlzeit)

1 Die gemahlenen Mandeln mit dem Puderzucker nochmals mahlen. Eiweiß mit dem Salz in eine Rührschüssel geben und mit den Rührbesen des Handrührgeräts anschlagen, bis die Masse weißlich wird. Den Vanillezucker dazurieseln lassen. So lange weiterquirlen, bis sich die Zuckerkristalle aufgelöst haben und die Masse sehr steif ist. So viel Lebensmittelpaste darunterquirlen, bis der gewünschte Farbton erreicht ist. Zum Schluss die Mandel-Puderzucker-Mischung mit einem Kochlöffel in 3 Teilen unterrühren. Die Baisermasse hat dann eine dickschaumige, klebrige Konsistenz.

2 2 Backbleche mit Backpapier belegen. Die Macaronmasse in einen Spritzbeutel mit glatter Lochtülle füllen und auf jedes Backblech ca. 25 Tupfen von ca. 2 cm Durchmesser spritzen. Die Macarons 10–25 Minuten an der Luft antrocknen lassen. Idealerweise wird in dieser Zeit die Oberfläche ganz glatt, und Luftblasen entweichen.

3 Währenddessen den Backofen auf 150 °C vorheizen. Jedes Blech für ca. 12 Minuten auf der untersten Schiene backen. Dann herausnehmen und die Macarons abkühlen lassen. Nach ca. 2 Minuten vorsichtig umdrehen, damit die Unterseite ausdampfen kann.

4 Für die Füllung die Eier mit dem Zucker in eine Rührschüssel geben. Mit den Rührbesen des Handrührgeräts schaumig rühren, bis sich die Zuckerkristalle aufgelöst haben und die Masse hell und volumig ist. In ein heißes Wasserbad stellen und dabei immer weiterquirlen. Das Salz und den Vanilleextrakt dazurühren. So lange unter Rühren erhitzen, bis die Masse leicht andickt. Dann herausnehmen, in eine flache Form füllen und mit Folie abdecken. Für ca. 30 Minuten in den Kühlschrank stellen. Die Butter ca. 10 Minuten mit den Rührbesen des Handrührgeräts schaumig schlagen. Dann die Lebensmittelpaste und esslöffelweise die kalte Vanille-Eier-Mischung darunterquirlen. In einen Spritzbeutel füllen und auf die Unterseite der Hälfte der Macarons spritzen. Die anderen Macarons leicht andrücken. Bis zum Servieren kühl stellen.

Donut-Cake-Pops

Für 12 Stück

Für den Teig
3 Eier
130 g Zucker
4 P. Vanillezucker
260 g Mehl
1 P. Backpulver
1 Prise Salz
250 ml Milch
5 El Öl

Für die Verzierung
100 g Vollmilchschokolade
Schokoperlen in Weiß, Hellbraun und Dunkelbraun

Außerdem
Butter für den Donut-Maker

Zubereitungszeit: ca. 30 Minuten (plus Back- und Abkühlzeit)

1 Für den Teig die Eier mit Zucker und Vanillezucker schaumig rühren. Mehl, Backpulver und Salz mischen und abwechselnd mit der Milch unterrühren. Zum Schluss das Öl unterrühren. Den Teig 5 Minuten ruhen lassen.

2 Die Mulden eines Donut-Makers mit Butter bepinseln, den Teig in die Vertiefungen geben und die Donuts portionsweise ca. 5 Minuten backen. Abkühlen lassen.

3 Für die Verzierung die Schokolade in Stücke brechen und im Wasserbad schmelzen lassen. Schokoperlen in einem tiefen Teller vermischen. Jeden Donut auf einen Stick spießen, dann zur Hälfte in die Schokolade tauchen und sofort in den Schokoperlen wälzen. Trocknen lassen.

Brown & White

Für 12 Stück

Für die Cake-Pops-Masse
250 g Kuchen (FP)
30 g Frischkäse
35 g Puderzucker

Für die Verzierung
50 g dunkle Schokolade
50 g Candy Melts in Weiß
verschiedene Verzierungen in Braun und Weiß wie Zuckerstreusel, Schoko-Mini-Herzen, Zuckerperlen, Schokoröllchen etc.

Zubereitungszeit: ca. 30 Minuten (plus Kühlzeit)

1 Kuchen, Frischkäse und Puderzucker verkneten, 12 Teigkugeln formen und diese ca. 1 Stunde kalt stellen. Jede Teigkugel auf einen Stick spießen.

2 Für die Verzierung die Schokolade in Stücke brechen und im Wasserbad schmelzen lassen. Die Candy Melts ebenfalls schmelzen lassen. Jeweils 6 Teigkugeln in die Schokoladenglasur und in die Candy Melts tauchen. Alles kurz etwas antrocknen lassen. Zum Verzieren die gewünschte Deko auf die noch feuchte Glasur streuen bzw. die Kugeln in der Deko wälzen. Trocknen lassen.

3 Nach Belieben auf einige Cake Pops mit der Candy-Melts-Masse mithilfe einer Spritztüte feine Linien aufmalen (die Candy-Melts-Masse dafür ggf. noch einmal schmelzen). Trocknen lassen.

Kunterbunte Cake-Pops

Für 12 Stück

Für die Cake-Pops-Masse
250 g Kuchen (FP)
30 g Frischkäse
35 g Puderzucker

Für die Verzierung
je 50 g Candy Melts in Gelb, Rosa, Rot und Blau
buntes Streudekor wie Zuckerperlen, Zuckerherzen, Zuckerbuchstaben und Zuckerblumen

Zubereitungszeit: ca. 30 Minuten (plus Kühlzeit)

1 Kuchen, Frischkäse und Puderzucker verkneten, 12 Teigkugeln formen und diese ca. 1 Stunde kalt stellen. Jede Teigkugel auf einen Stick spießen.

2 Für die Verzierung jeweils die Candy Melts separat im Wasserbad schmelzen lassen. Jeweils 3 Cake Pops in eine Farbe tauchen. Kurz etwas antrocknen lassen.

3 Die Deko auf die noch feuchte Glasur streuen bzw. die Kugeln in der Deko wälzen. Auf diese Weise die Cake Pops kunterbunt verzieren. Trocknen lassen.

Grüne Macarons
mit Minzcreme

Für 25 Stück

Für den Baiserteig
90 g gemahlene Mandeln
150 g Puderzucker
1 El Kakaopulver
2 Eiweiß (ca. 72 g)
1 Prise Salz
20 g feiner Zucker
grüne Lebensmittelpaste

Für die Füllung
½ Bund Minze
1–2 El Minzsirup
120 g zimmerwarme Butter
100 g Puderzucker
1 P. Vanillezucker

Zubereitungszeit: ca. 40 Minuten (plus Ruhe- und Backzeit)

1 Die gemahlenen Mandeln mit dem Puderzucker nochmals mahlen. Die Puderzucker-Mandel-Mischung exakt halbieren (2 Teile à 120 g) und in die eine Hälfte das Kakaopulver sieben. Eiweiß mit dem Salz in eine Rührschüssel geben und mit den Rührbesen des Handrührgeräts anschlagen, bis die Masse weißlich wird. Den feinen Zucker dazurieseln lassen. So lange weiterquirlen, bis sich die Zuckerkristalle aufgelöst haben und die Masse sehr steif ist. Den Eischnee in 2 Teile von je exakt 46 g halbieren und in die eine Hälfte die Kakaomischung in 3 Teilen unterrühren, in die andere Hälfte zuerst die grüne Lebensmittelpaste, dann die weiße Puderzuckermischung. Die Baisermasse hat dann eine dickschaumige, klebrige Konsistenz.

2 2 Backbleche mit Backpapier belegen. Die Macaronmasse in einen Spritzbeutel mit glatter Lochtülle füllen und auf jedes Backblech ca. 25 Tupfen von ca. 2 cm Durchmesser spritzen. Die Macarons 10–25 Minuten an der Luft antrocknen lassen. Idealerweise wird in dieser Zeit die Oberfläche ganz glatt, und Luftblasen entweichen.

3 Währenddessen den Backofen auf 150 °C vorheizen. Jedes Blech für ca. 12 Minuten auf der untersten Schiene backen. Dann herausnehmen und die Macarons abkühlen lassen. Nach ca. 2 Minuten vorsichtig umdrehen, damit die Unterseite ausdampfen kann.

4 Für die Füllung die Minze waschen, sorgfältig trocken tupfen und die Blättchen hacken. Mit dem Minzsirup glatt pürieren. Die zimmerwarme Butter in eine Rührschüssel geben und zusammen mit dem Zucker und dem Vanillezucker mit den Rührbesen des Handrührgeräts mindestens 10 Minuten dickschaumig schlagen. Teelöffelweise das Minzpüree einrühren.

5 Die Creme in einen Spritzbeutel füllen und auf die Unterseite der dunklen Macarons verteilen. Die grünen Macarons aufsetzen und mit leichtem Druck andrehen. Bis zum Servieren kühl stellen.

Schoko-Himbeer-Push-up-Cake-Pops

Für 5 Stück

Für den Teig
1 Schokokuchen à 400 g (FP)

Für die Füllung
100 ml Sahne
75 g Himbeeren
40 g Zucker
2 Blatt Gelatine

Außerdem
Butter für die Form
Schokoraspel und Himbeeren zum Verzieren

Zubereitungszeit: ca. 30 Minuten (plus Kühlzeit)

1 Den Schokokuchen in Scheiben schneiden und mithilfe des Push-up-Cake-Pop-Behälters ca. 15 kleine runde Teigböden herausstechen.

2 Für die Füllung die Sahne steif schlagen. Die Himbeeren waschen, trocknen und mit dem Zucker pürieren. Gelatine nach Packungsanleitung einweichen, ausdrücken, in einem Topf bei niedriger Hitze auflösen lassen, dann unter das Himbeerpüree rühren. Ein Viertel der Sahne untermischen, dann den Rest unterheben.

3 Jeweils 3 Teigböden im Wechsel mit der Füllung in die Behälter schichten. Die restliche Füllung kalt stellen. Die Push-up-Cake-Pops mit Deckel 3–4 Stunden kalt stellen. Vor dem Servieren die restliche Himbeercreme dekorativ aufspritzen und die Push-up-Cake-Pops mit Schokoraspeln und Himbeeren verzieren.

Glitzer-Herzen

Für 12 Stück

Für die Cake-Pops-Masse
250 g Kuchen (FP)
30 g Frischkäse
35 g Puderzucker

Für die Verzierung
Royal-Icing-Pulver (FP)
flüssige Metallic-Lebensmittelfarbe in Blau, Rosa und Silber

Zubereitungszeit: ca. 30 Minuten (plus Kühlzeit)

1 Kuchen, Frischkäse und Puderzucker zu einer geschmeidigen Masse verkneten und diese ca. 1 Stunde kalt stellen. Kleine Ausstechförmchen in Herzform auf einer mit Backpapier belegten Arbeitsfläche auslegen und die Masse in die Förmchen drücken, sodass sie ganz mit der Masse gefüllt sind. Die Förmchen jeweils vorsichtig abnehmen. Auf diese Weise 12 Herzen formen. Die Herzen auf Sticks spießen.

2 Für die Verzierung das Royal-Icing-Pulver nach Packungsanleitung mit Wasser anrühren, sodass ein geschmeidiger Guss entsteht. Die Cake Pops hineintauchen, dann trocknen lassen.

3 Nun jeweils 4 Cake Pops mit einer Metallic-Lebensmittelfarbe einfärben. Dazu die Farbe jeweils mit einem Schwämmchen oder einem Pinsel deckend auftragen. Gut trocknen lassen.

Eisdielen-Cupcakes

Für 12 Stück

50 g gemahlene Mandel- oder Nusskerne
50 g weiche Butter
150 g Zucker
1 P. Vanillezucker
2 Eier
200 g Mehl
1 Tl Backpulver
1 Prise Salz
150 ml Milch
Fett und Mehl für das Blech

Für Creme und Verzierung
125 g weiche Butter
200 g Puderzucker
2 El Zitronensaft
rote Lebensmittelfarbe
12 Kirschen
blauer und weißer Fondant

Zubereitungszeit: ca. 35 Minuten (plus Back- und Kühlzeit)

1 Mandeln oder Nüsse in einer Pfanne ohne Fett goldbraun anrösten, dann abkühlen lassen. Den Backofen auf 180 °C (Umluft 160 °C) vorheizen.

2 Ein Muffinblech fetten und bemehlen oder Papierförmchen hineinsetzen. Butter, Zucker und Vanillezucker gut verrühren. Die Eier nacheinander unterrühren. Mehl und Backpulver sieben, geröstete Mandeln oder Nüsse und Salz untermischen.

3 Die Mehlmischung und die Milch abwechselnd unter die Butter-Ei-Mischung rühren, den Teig in die Mulden des Muffinblechs geben und die Cupcakes in etwa 25 Minuten goldbraun backen. Herausnehmen und abkühlen lassen.

4 Für die Creme die Butter weiß-schaumig aufschlagen und Puderzucker und Zitronensaft unterrühren. Dann tropfenweise Lebensmittelfarbe unterrühren. Die Creme 1 Stunde kalt stellen.

5 Den Fondant verkneten und ausrollen. Mit einer Schmetterlingsform Schmetterlinge ausstechen. Die Creme in einen Spritzbeutel mit Sterntülle geben und auf die Cupcakes spritzen. Mit 1 Kirsche und je 1 Schmetterling verzieren.

Macarons
mit Preiselbeercreme

Für 25 Stück

Für den Baiserteig
90 g gemahlene Mandeln
150 g Puderzucker
2 Eiweiß (ca. 72 g)
1 Prise Salz
20 g feiner Zucker
rote Lebensmittelpaste

Für die Füllung
200 g Preiselbeeren (aus dem Glas)
2 Eier
100 g Zucker
120 g Butter

Außerdem
pinkfarbener Glitterzucker zum Verzieren

Zubereitungszeit: ca. 1 Stunde (plus Ruhe-, Back und Kühlzeit)

1 Die gemahlenen Mandeln mit dem Puderzucker nochmals mahlen. Eiweiß mit dem Salz in eine Rührschüssel geben und mit den Rührbesen des Handrührgeräts anschlagen, bis die Masse weißlich wird. Den feinen Zucker dazurieseln lassen. So lange weiterquirlen, bis sich die Zuckerkristalle aufgelöst haben und die Masse sehr steif ist. So viel Lebensmittelpaste darunterquirlen, bis der gewünschte Farbton erreicht ist. Zum Schluss die Mandel-Puderzucker-Mischung mit einem Kochlöffel in 3 Teilen unterrühren. Die Baisermasse hat dann eine dickschaumige, klebrige Konsistenz.

2 2 Backbleche mit Backpapier belegen. Die Macaronmasse in einen Spritzbeutel mit glatter Lochtülle füllen und auf jedes Backblech ca. 25 Tupfen von ca. 2 cm Durchmesser spritzen. Die Macarons 10–25 Minuten an der Luft antrocknen lassen. Idealerweise wird in dieser Zeit die Oberfläche ganz glatt, und Luftblasen entweichen. Zu Beginn der Trockenphase auf die Hälfte der Macarons etwas Glitterzucker streuen.

3 Währenddessen den Backofen auf 150 °C vorheizen. Jedes Blech für ca. 12 Minuten auf der untersten Schiene backen. Dann herausnehmen und die Macarons abkühlen lassen. Nach ca. 2 Minuten vorsichtig umdrehen, damit die Unterseite ausdampfen kann.

4 Für die Füllung die Preiselbeeren mit dem Stabmixer pürieren. Die Eier mit dem Zucker in einer Rührschüssel mit den Rührbesen des Handrührgeräts schaumig rühren, bis sich die Zuckerkristalle aufgelöst haben und die Masse hell und schaumig ist. In ein heißes Wasserbad stellen und esslöffelweise die pürierten Preiselbeeren dazuquirlen. So lange unter Rühren erhitzen, bis die Masse leicht andickt. Dann herausnehmen, in eine flache Form füllen und mit Folie abdecken. Für ca. 30 Minuten kühl stellen.

5 Die Butter ca. 10 Minuten mit den Rührbesen des Handrührgeräts schaumig schlagen. Dann esslöffelweise die kalte Preiselbeer-Eier-Mischung darunterquirlen. Ca. 1 Stunde kühl stellen. Die Creme in einen Spritzbeutel füllen und auf die Unterseite der Hälfte der Macarons spritzen. Die anderen Macarons leicht darandrehen. Im Glitterzucker wälzen.

Kokos-Vanille-Cupcakes

Für 12 Stück

Für den Teig
50 g gemahlene Mandeln
5 Eier, 190 g Butter
225 g Zucker
1 P. Vanillezucker
1 Prise Salz, 225 g Mehl

Für das Frosting
120 g Puderzucker
75 g zimmerwarme Butter
175 g Doppelrahmfrischkäse
1 Prise Salz
1 Vanilleschote
30 g Kokosraspel

Außerdem
Butter und Semmelbrösel für das Blech
Kokoschips zum Garnieren

Zubereitungszeit: ca. 35 Minuten (plus Back- und Kühlzeit)

1 Die Mandeln in einer Pfanne ohne Fett goldbraun rösten, dann abkühlen lassen. Den Backofen auf 180 °C (Umluft 160 °C) vorheizen. Ein Muffinblech einfetten und mit Semmelbröseln ausstreuen. Die Eier trennen und das Eiweiß steif schlagen.

2 Die Butter schmelzen und etwas abkühlen lassen. Eigelb mit Zucker, Vanillezucker und Salz cremig rühren. Mehl und Mandeln, dann die Butter einrühren. Den Eischnee unterheben. Teig in die Mulden des Muffinblechs geben und im Backofen ca. 25–30 Minuten goldbraun backen. Herausnehmen und abkühlen lassen.

3 In der Zwischenzeit für das Frosting den Puderzucker in eine Schüssel sieben und mit Butter, zimmerwarmem Frischkäse und Salz zu einer glatten Creme verrühren. Die Vanilleschote längs halbieren, das Mark herauskratzen und mit den Kokosraspeln unter die Butter-Frischkäse-Creme rühren. Ca. 30 Minuten kalt stellen.

4 Das Frosting mit einem Spritzbeutel auf die Cupcakes geben, mit Kokoschips dekorieren und für ca. 1 Stunde kalt stellen.

Beeren-Baiser-Cupcakes

Für 12 Stück

Für den Teig
5 Eier
190 g Butter
225 g Zucker
1 Prise Salz
25 Kakaobohnen
225 g Mehl
1 El Orangensaft
3 El Milch
250 g Brombeeren

Für das Baiser-Frosting
2 Eiweiß
1 Prise Salz
70 g feiner Zucker

Außerdem
Butter und Semmelbrösel für das Muffinblech

Zubereitungszeit: ca. 35 Minuten (plus Backzeit)

1 Den Backofen auf 175 °C (Umluft 155 °C) vorheizen. Ein Muffinblech einfetten und mit Semmelbröseln ausstreuen. Die Eier trennen und das Eiweiß steif schlagen. Bis zur weiteren Verwendung kalt stellen.

2 Die Butter in einem flachen Topf schmelzen und etwas abkühlen lassen. Eigelb mit Zucker und Salz cremig rühren. Die Kakaobohnen in einem Mörser krümelig zerstoßen und zusammen mit dem Mehl in die Eigelbmasse rühren. Anschließend die flüssige Butter, Orangensaft und Milch einrühren. Den Eischnee daraufgeben und unterheben.

3 Die Brombeeren waschen, vorsichtig trocken tupfen und unter den Teig rühren. Den Teig in die Mulden des Muffinblechs geben. Die Cupcakes auf der mittleren Schiene ca. 25 Minuten backen.

4 Für das Baiser Eiweiß mit Salz steif schlagen. Zucker einrieseln lassen und weiterschlagen, bis er sich aufgelöst hat. Die Cupcakes aus dem Ofen nehmen und mit einem Spritzbeutel dicke Tupfen daraufspritzen. Den Backofen auf Grillfunktion umschalten und die Cupcakes überbacken, bis sich das Baiser hellbraun verfärbt. Sofort servieren.

Donuts

Für 12 Stück

2 El Butter
200 g brauner Zucker
2 Eier
450 g Mehl
4 El Backpulver
½ Tl Salz
½ Tl Muskatnuss
½ Tl Zimt
250 ml Milch
Puderzucker zum Bestreuen
dunkle Kuvertüre zum Bestreichen
Mehl für die Arbeitsfläche
Fett zum Frittieren

Zubereitungszeit: ca. 30 Minuten (plus Ruhezeit)

1 Die Butter mit dem Zucker und den Eiern in einer Schüssel schaumig rühren. Das Mehl mit Backpulver, Salz, Muskat und Zimt mischen und unter die Butter-Eier-Mischung rühren. Die Milch hinzufügen und alles zu einem glatten Teig verarbeiten.

2 Den Teig auf einer bemehlten Arbeitsfläche etwa 2 cm dick ausrollen. Mit 2 Gläsern verschieden große Kreise ausstechen, in die Mitte ein Loch drücken und Donuts 30 Minuten ruhen lassen.

3 Das Frittierfett in einem großen Topf oder der Fritteuse auf 180 °C erhitzen und die Donuts darin von jeder Seite etwa 5 Minuten goldbraun backen. Wenn sie an der Oberfläche schwimmen, mit einem Schaumlöffel herausnehmen und auf Küchenpapier abtropfen lassen. Donuts mit Puderzucker bestreut oder mit geschmolzener Kuvertüre bestrichen servieren.

Tipp:

Für einen Guss rühren Sie Puderzucker mit etwas Wasser zu einer dicken Paste. Verfeinern Sie den Guss wahlweise mit etwas Zitronen- oder Orangensaft und bestreichen Sie die Donuts damit.

Prosecco-Cupcakes mit Limetten-Creme

Für 12 Stück

Für den Teig

125 g Butter
150 g Zucker
1 Prise Salz
3 Eier
200 g Mehl
1 Tl Backpulver
½ Tl Natron
40 ml Milch
120 ml Prosecco
6 El Quittengelee
Papierförmchen für das Blech

Für die Creme

2 unbehandelte Limetten
150 g Mascarpone
250 g Frischkäse
200 g Puderzucker
silberne Zuckerperlen zum Garnieren

Zubereitungszeit: ca. 30 Minuten (plus Backzeit und Zeit zum Abkühlen)

1 Den Backofen auf 180 °C (Umluft 160 °C) vorheizen, die Mulden des Muffinblechs mit Papierförmchen auslegen. Butter mit Zucker und Salz schaumig rühren. 1 Ei trennen, das Eiweiß kann anderweitig verwendet werden. Nach und nach restliche Eier und Eigelb unterrühren. Mehl mit Backpulver und Natron mischen. Abwechselnd mit der Milch unter den Teig rühren. Zum Schluss den Prosecco dazugießen und alles zügig zu einem glatten Teig verrühren. Auf die Förmchen verteilen und auf der mittleren Schiene ca. 25 Minuten backen. Herausnehmen und das Quittengelee auf den noch heißen Cupcakes verteilen. Dann alles auf einem Kuchengitter abkühlen lassen.

2 Für die Creme die Limetten heiß abwaschen und trocknen. Die Schale fein abreiben. 2 El Saft auspressen. Schale und Saft zusammen mit den übrigen Zutaten glatt rühren. In einen Spritzbeutel mit glatter Lochtülle füllen. Auf den Cupcakes verteilen und mit Zuckerperlen garnieren.

Orangen-Cupcakes
mit Ricotta-Estragon-Creme

Für 12 Stück

Für den Teig
2 unbehandelte Orangen
2 Eier
1 Tl Vanilleextrakt
125 g Zucker
1 Prise Salz
175 g Mehl
1 Tl Backpulver
½ Tl Natron
80 ml Pflanzenöl
200 g Joghurt
Papierförmchen für das Blech

Für die Ricottacreme
3 Zweige Estragon
60 g Zucker
80 g Butter
100 g Ricotta
100 g Doppelrahmfrischkäse
2 El Orangenmarmelade

Zubereitungszeit: ca. 40 Minuten (plus Back- und Kühlzeit)

1 Den Backofen auf 175 °C (Umluft 155 °C) vorheizen. Die Mulden des Muffinblechs mit Papierförmchen auslegen. Die Orangen heiß waschen, trocknen und die Schale abreiben. Aus den Früchten 12 Filets herauslösen, den Rest auspressen. Eier mit Vanilleextrakt, Zucker und Salz schaumig rühren. Mehl mit Backpulver und Natron mischen. Öl mit Joghurt verrühren. Abwechselnd mit dem Mehl zum Teig rühren. Die Hälfte der Orangenschale zusammen mit 3 El Saft unter den Teig rühren. Teig auf die Förmchen verteilen, je 1 Orangenfilet darauflegen. Für ca. 20 Minuten auf der mittleren Schiene backen. Herausnehmen und auf einem Kuchengitter auskühlen lassen.

2 Für die Creme Estragon waschen und vorsichtig trocken tupfen. Einige Blättchen zur Dekoration beiseitelegen. Den Rest hacken. Zucker mit Butter schaumig schlagen. Ricotta mit Frischkäse glatt rühren. Die Orangenmarmelade darunterquirlen. Dann nach und nach die Butter-Zucker-Mischung unterrühren. Zum Schluss gehackten Estragon darunterheben. In einen Spritzbeutel mit glatter Lochtülle füllen und für ca. 30 Minuten kühl stellen. Dann auf den Cupcakes verteilen und mit beiseitegelegtem Estragon verzieren.

Rhabarber-Cupcakes
mit Marzipancreme

Für 12 Stück

Für den Teig
4 Rhabarberstangen
2 Eier, Salz
180 g Zucker
100 g weiche Butter
½ Tl Vanilleextrakt
150 g Mehl
¼ Tl Backpulver
¼ Tl Natron, 75 g Quark
Papierförmchen für das Blech

Für die Creme
250 ml Milch
1 ½ El Zucker
½ P. Vanillepuddingpulver
65 g weiche Butter
75 g Marzipanrohmasse
1 El Rosenwasser
rosa schimmernde Zuckerperlen zum Dekorieren

Zubereitungszeit: ca. 50 Minuten (plus Back- und Kühlzeit)

1 Den Backofen auf 175 °C (Umluft 155 °C) vorheizen. Das Muffinblech mit Papierförmchen auskleiden. Rhabarber waschen, putzen und schälen. Dann in kleine Stücke schneiden. Die Eier trennen. Eiweiß mit 1 Prise Salz steif schlagen. Zucker mit Butter und Vanilleextrakt schaumig rühren, Eigelbe nacheinander unterrühren. Mehl mit Backpulver und Natron mischen. Abwechselnd mit dem Quark unter den Teig rühren. Dann den Eischnee unterheben. Zum Schluss die Rhabarberstücke unterheben. Den Teig in die Förmchen füllen und ca. 25 Minuten auf der mittleren Schiene backen. Herausnehmen und abkühlen lassen.

2 Für die Creme von der Milch 5 El abnehmen. Mit Zucker und Puddingpulver glatt rühren. Die restliche Milch aufkochen. Die angerührte Mischung dazugeben. Unter Rühren einmal aufwallen lassen, dann vom Herd nehmen. Marzipan hacken und unter Rühren im heißen Pudding schmelzen lassen, das Rosenwasser unterrühren. Den Pudding abdecken und auf Zimmertemperatur auskühlen lassen. Die Butter schaumig rühren und esslöffelweise den Pudding dazuquirlen. Die Creme in einen Spritzbeutel füllen. 30 Minuten kühl stellen. Auf den Cupcakes verteilen und mit den Zuckerperlen dekorieren.

Süße & pikante Knabbereien

Zartes Ingwerbrot

Für 50 Stück

125 g Mehl
1 Eigelb
50 g feiner Zucker
1 Prise Salz
100 g weiche Butter
5 El Zuckerrübensirup
5 Tl Ingwerpulver
1 Prise Zimt
1 Prise schwarzer Pfeffer

Zubereitungszeit: ca. 20 Minuten (plus Gefrier- und Backzeit)

1 Eine Kastenform mit Frischhaltefolie ausschlagen. Alle Zutaten mit dem Handrührgerät zu einem glatten, klebrigen Teig verrühren und in der Kastenform verteilen. Etwa 4 Stunden im Eisfach anfrieren lassen.

2 Den Backofen auf 200 °C (Umluft 180 °C) vorheizen. Den gefrorenen Teig aus der Kastenform stürzen und die Frischhaltefolie abziehen. Anschließend den Teig mit einem scharfen Messer in ca. 25 Scheiben schneiden und diese quer halbieren.

3 Die einzelnen Plätzchen auf einem mit Backpapier ausgelegten Backblech verteilen. Nicht zu dicht aneinanderlegen, denn die Plätzchen verlaufen noch etwas.

4 Plätzchen im vorgeheizten Backofen etwa 7 Minuten backen und auf einem Kuchengitter auskühlen lassen.

Tipp:

Bei den Gewürzen können Sie nach Herzenslust variieren. Außerdem schmeckt das Ingwerbrot köstlich mit einer Glasur aus dunkler Kuvertüre.

Mohnstangen

Für 30 Stück

225 g Mehl
7 g Trockenhefe
1 Tl Salz
2 El Mohnsamen
2 El Olivenöl
Mehl für die Arbeitsfläche
Fett für das Blech

Zubereitungszeit: ca. 30 Minuten
(plus Geh- und Backzeit)

1 Das Mehl mit der Trockenhefe, dem Salz und den Mohnsamen mischen. Olivenöl zugeben und einen Teig kneten. Nach Bedarf Wasser zugeben, sodass er geschmeidig wird. Den Teig zu einer Kugel formen und abgedeckt etwa 40 Minuten gehen lassen.

2 Anschließend den Teig erneut durchkneten und daraus 30 kleine Bällchen formen. Aus den Bällchen mit bemehlten Handflächen dünne Stangen rollen und knoten. Auf einem gefetteten Backblech im Ofen bei 230 °C (Umluft 210 °C) etwa 15 Minuten backen.

Anisfinger

Für 50 Stück

1 Ei
100 ml Olivenöl
80 g Zucker
1 Tl gemahlene Vanille
1 ½ Tl Anissamen
250 g Mehl
1 Tl Backpulver
1 El Milch
Mehl für die Arbeitsfläche
Fett für die Bleche

Zubereitungszeit: ca. 30 Minuten
(plus Kühl- und Backzeit)

1 Das Ei mit dem Öl, Zucker und der Vanille schaumig rühren. Die Anissamen im Mörser zerkleinern und unter die Eicreme rühren. Das Mehl mit dem Backpulver mischen und unter die Creme heben. Alles zu einem glatten Teig verkneten. Bei Bedarf Milch zugeben. Den Teig zu einer Rolle formen und 30 Minuten kühl stellen.

2 Den Backofen auf 160 °C (Umluft 140 °C) vorheizen. 2 Backbleche einfetten. Die Teigrolle in 50 Scheiben schneiden und daraus mit bemehlten Händen fingerlange Rollen formen. Die Enden spitz zulaufen lassen.

3 Die Finger im Ofen etwa 16–18 Minuten backen. Abkühlen lassen.

Partymandeln

Für 4 Portionen

250 g Mandeln
1 Eiweiß
1 El Madras-Currypulver
2 Tl Salz
½ Tl Cayennepfeffer

Zubereitungszeit: ca. 15 Minuten (plus Röst-, Abkühl- und Backzeit)

1 Die Mandeln 1 Minute mit kochendem Wasser übergießen, häuten und auf einem Backblech verteilt im vorgeheizten Backofen bei 150 °C (Umluft ca. 130 °C) etwa 15 Minuten rösten. Mandeln abkühlen lassen.

2 Das Eiweiß mit dem Madras-Currypulver, dem Salz und dem Cayennepfeffer verrühren. Die Mandeln unterheben und vom Eischnee überziehen lassen.

3 Auf ein mit Backpapier ausgelegtes Backblech legen und im vorgeheizten Backofen etwa 20 Minuten goldbraun backen. Herausnehmen, auseinanderbrechen und abkühlen lassen.

Mohn-Shortbread

Für 40 Stück

125 g Mehl
1 Eigelb
50 g feiner Zucker
1 Prise Salz
100 g weiche Butter
1 unbehandelte Orange (abgeriebene Schale)
35 g Mohnsamen
2 El Zucker zum Bestreuen

Zubereitungszeit: ca. 20 Minuten (plus Kühl- und Backzeit)

1 Das Mehl auf die Arbeitsfläche sieben und eine Mulde hineindrücken. Das Eigelb in die Mulde geben. Zucker und Salz darübergeben und die weiche Butter in kleinen Stücken darauf verteilen. Die Orangenschale und den Mohn hinzufügen.

2 Mit möglichst kühlen Fingern alle Zutaten rasch zu einem gleichmäßigen Teig verkneten und auf einem Stück Frischhaltefolie zu einer rechteckigen, etwa 1½ cm dicken Teigplatte formen. Mit dem Zucker bestreuen, in die Folie einschlagen und 1 Stunde im Kühlschrank ruhen lassen.

3 Den Backofen auf 200 °C (Umluft 180 °C) vorheizen. Teigplatte vorsichtig aus der Folie wickeln, auf ein mit Backpapier ausgelegtes Backblech legen, mehrmals mit einer Gabel einstechen und 15–18 Minuten goldbraun backen. Auf einem Kuchengitter vollständig abkühlen lassen.

4 Den Kuchen mit einem scharfen dünnen Messer in etwa 40 längliche Streifen schneiden.

Grissini mit Mohn und Parmesan

Für 30 Stück

500 g Mehl, Type 405
1 P. Trockenhefe
1 Prise Zucker
2 Tl Salz
3 El Olivenöl
2 El getrockneter Rosmarin zum Bestreuen
2 El Mohnsamen zum Bestreuen
2 El geriebener Parmesan zum Bestreuen
Mehl für die Arbeitsfläche

Zubereitungszeit: ca. 20 Minuten (plus Geh- und Backzeit)

1 Das Mehl mit der Hefe, dem Zucker, dem Salz und dem Olivenöl mischen und mit 275 ml lauwarmem Wasser ca. 10 Minuten so lange kneten, bis ein glatter und elastischer Teig entstanden ist. Den Teig in eine Schüssel legen, mit einem Küchentuch abdecken und an einem warmen Ort 10 Minuten gehen lassen. Den Ofen auf 200 °C (Umluft 180 °C) vorheizen.

2 Den Teig aus der Schüssel nehmen, erneut durchkneten und auf einer bemehlten Arbeitsfläche ca. 1 cm dick zu einem Rechteck ausrollen. In 1 cm dicke Streifen schneiden und diese rund rollen. Die Teigstäbchen auf ein mit Backpapier belegtes Backblech legen und dünn mit etwas Wasser bepinseln. ⅓ der Stäbchen mit getrocknetem Rosmarin, ⅓ mit Mohnsamen und ⅓ mit Parmesan bestreuen und ca. 15 Minuten goldbraun backen. Anschließend abkühlen lassen und in Dosen verpacken.

Cantuccini mit Oliven

Für 60 Stück

100 g Pinienkerne
250 g Mehl
1 Tl Backpulver
Salz
Pfeffer
3 Eier
½ El Fenchelsamen
3 El frisch geriebener Parmesan
75 g entsteinte grüne Oliven

Zubereitungszeit: ca. 25 Minuten (plus Back- und Abkühlzeit)

1 Die Pinienkerne in einer Pfanne ohne Fett rösten. Das Mehl mit dem Backpulver, Salz und etwas Pfeffer mischen. Die Eier verquirlen, mit Fenchelsamen, Parmesan und Oliven vermengen und alles zu einem festen Teig verarbeiten. Den Teig in 4 Portionen teilen und zu 4 etwa 30 cm langen und 2½ cm dicken Rollen formen.

2 Die Rollen auf ein mit Backpapier ausgelegtes Backblech legen und im vorgeheizten Backofen bei 175 °C (Umluft 155 °C) etwa 25 Minuten backen. Herausnehmen und abkühlen lassen.

3 Die Rollen schräg in etwa ½ cm dicke Scheiben schneiden. Die Scheiben auf einem Backblech im Ofen bei 175 °C (Umluft 155 °C) weitere 15 Minuten backen, bis sie trocken und knusprig sind.

Tipp:

Bekannt sind die Cantuccini als süßes italienisches Mandelgebäck. Doch auch die pikante Variante mit Oliven ist sehr lecker. Versuchen Sie sie auch mit getrockneten Tomaten.

Kümmeltaler

Für 40 Stück

1 Ei
125 g Mehl
25 g gemahlene Walnüsse
100 g geriebener Emmentaler
½ Tl Salz
1 Msp. Cayennepfeffer
65 g Butter
3 El Kümmelkörner
Fett für das Blech

Zubereitungszeit: ca. 20 Minuten (plus Kühl- und Backzeit)

1 Das Ei trennen. Das Mehl mit den gemahlenen Walnüssen, dem geriebenen Emmentaler, Salz, Cayennepfeffer, dem Eiweiß und der Butter in Flöckchen zu einem Teig verarbeiten. Zu einer Kugel formen und in Folie gewickelt 2 Stunden kühl ruhen lassen.

2 Den Teig dann zu einer dünnen Rolle formen und in ½ cm dicke Scheiben schneiden. Die Scheiben auf ein gefettetes Backblech legen, mit verquirltem Eigelb bestreichen und mit Kümmelkörnern bestreuen. Im vorgeheizten Ofen bei 200 °C (Umluft 180 °C) etwa 15 Minuten backen.

Käse-Blätterteig-Gebäck

Für 4 Portionen

300 g TK-Blätterteig
1 Eigelb
150 g Edamer
Sesamkörner
Mohnsamen
Kümmelkörner

Zubereitungszeit: ca. 20 Minuten (plus Auftau- und Backzeit)

1 Den TK-Blätterteig auftauen lassen. Teigplatten übereinanderlegen und 3 mm dick ausrollen. Plätzchen in gewünschter Form (etwa 5 cm Durchmesser) ausstechen und mit verquirltem Eigelb bestreichen.

2 Den Edamer in ½ cm dicken Scheiben auf etwa die Größe (etwas kleiner) der Hälfte der Plätzchen zurechtschneiden. Auf die Plätzchen legen, die restlichen Plätzchen darüberlegen. Teigränder andrücken, mit Eigelb bestreichen und mit Sesam, Mohn und Kümmel bestreuen. Im vorgeheizten Ofen bei 220 °C (Umluft 200 °C) etwa 15 Minuten backen.

Amarettini

Für 75 Stück

300 g gemahlene Mandeln
300 g Zucker
4 Eiweiß
1 Fläschchen Bittermandel-aroma
1 El Amaretto
5 El Hagelzucker

Zubereitungszeit: ca. 35 Minuten (plus Backzeit)

1 Mandeln und Zucker mischen und im Mörser sehr fein mahlen. 3 Eiweiß cremig (nicht ganz fest) schlagen. Bittermandelaroma und Amaretto unter die Mandelmischung rühren und nach und nach zum Eiweiß geben, bis ein fester Teig entsteht.

2 Ofen auf 150 °C (Umluft 130 °C) vorheizen. Backblech mit Backpapier auslegen. Mit 2 Teelöffeln kleine Häufchen auf das Blech setzen. 1 Eiweiß verquirlen und die Kekse damit bestreichen. Hagelzucker daraufstreuen. Plätzchen portionsweise ca. 25 Minuten backen.

Mokkabohnen

Für 50 Stück

200 g dunkle Schokolade
bester Qualität
(60 % Kakaoanteil)
50 frisch geröstete
Espressobohnen

Zubereitungszeit: ca. 35 Minuten
(plus Zeit zum Trocknen)

1 Die Schokolade temperieren. Espressobohnen einzeln mit einer Gabel in die Schokolade tauchen, abtropfen lassen und auf ein engmaschiges Gitter setzen. Die Schokolade fest werden lassen. Den Vorgang dreimal wiederholen. Kühl lagern.

Tipp:

Die Mokkabohnen schmecken zum Kaffee fantastisch. Sie können die Kaffeebohnen vor dem Überziehen auch mit Marzipan oder Nougat umwickeln. Servieren Sie die Mokkabohnen, indem Sie verschiedene Sorten Würfelzucker und die Mokkabohnen miteinander vermischen.

Schoko-Cornflakes-*Knusperchen*

Für 4 Portionen

100 g weiße Schokolade
100 g Vollmilchschokolade
100 g Zartbitterschokolade
Cornflakes

Zubereitungszeit: ca. 25 Minuten (plus Zeit zum Trocknen)

1 3 Backbleche mit Backpapier auslegen. Jede Schokolade fein hacken. Die erste Schokoladensorte im Wasserbad schmelzen. Dann langsam und vorsichtig nach und nach Cornflakes unterrühren, bis diese mit der Schokolade überzogen sind.

2 Mit 2 Teelöffeln die überzogenen Cornflakes herausnehmen und als Häufchen auf das Backpapier setzen. Schoko-Cornflakes-Knusperchen ca. 6 Stunden trocknen lassen. Mit den anderen beiden Schokosorten ebenso verfahren.

Tipp:

Nach Belieben die Schoko-Knusperchen mit geschmolzener Schokolade verzieren (weiße Knusperchen mit Zartbitter usw.).

Schokoflakes

Für 30 Stück

30 g gehobelte Mandeln
30 abgezogene ganze Mandeln
220 g dunkle Kuvertüre (70 % Kakaoanteil)
150 g Nussnougat
60 g Cornflakes

Zubereitungszeit: ca. 25 Minuten (plus Zeit zum Abkühlen)

1 Die gehobelten Mandeln in einer Pfanne ohne Fett goldbraun rösten und abkühlen lassen, auch die ganzen Mandeln rösten und kalt werden lassen. Die Kuvertüre im warmen Wasserbad schmelzen und auf Handwärme abkühlen lassen.

2 Die flüssige Kuvertüre, Nougat, Cornflakes und gehobelte Mandeln von Hand zusammenkneten. Mit 2 Teelöffeln 30 Pralinen auf Backpapier setzen. Je 1 ganze Mandel daraufsetzen. Die Pralinen abkühlen lassen. Kühl lagern.

Espresso-Amaretti

Für 35 Stück

300 g gemahlene geschälte Mandeln
100 g Zucker
80 g Eiweiß
1 El Bittermandelaroma
100 g Puderzucker
2 El Ingwerkaffee (siehe Tipp)

Zubereitungszeit: ca. 30 Minuten (plus Zeit zum Trocknen und Backzeit)

1 Mandeln, Zucker, 40 g Eiweiß und das Bittermandelaroma zwischen den Handflächen miteinander verreiben, bis die Masse Marzipan ähnelt. Das restliche Eiweiß mit dem Puderzucker schaumig schlagen und mit dem reduzierten Kaffee vorsichtig unter die Mandelmasse arbeiten.

2 Ein Backblech mit Backpapier auslegen. Die Amarettimasse in einen Spritzsack füllen und walnussgroße Kugeln auf das Blech spritzen. Mit einem Tuch bedecken und 10–12 Stunden trocknen lassen. Die entstehenden Ränder nach innen drücken.

3 Backofen auf 230 °C (Umluft 210 °C) vorheizen. Die Amaretti auf der mittleren Einschubleiste ca. 5 Minuten backen.

Tipp:

Für den Ingwerkaffee 3 El Ahornsirup, 200 ml Espresso und 5 g fein gehackte Ingwerwurzel miteinander aufkochen und zu einem dünnen Sirup einkochen lassen. Durch ein feines Sieb abgießen und sofort verwenden.

Brasilianische *Kaffeezigarren*

Für 30 Stück

125 g fein gehackte Cashewnüsse
175 g Rohrzucker
175 g Zucker
1 P. Vanillezucker
75 g Honig
50 g Butter
75 ml Sahne
75 ml Espresso oder starker Kaffee
1 El Kakaopulver
2 Tl Zimt
½ Tl gemahlener Piment
1 El Cachaça (ersatzweise Rum)
Öl für die Form

Zubereitungszeit: ca. 55 Minuten (plus Zeit zum Trocknen)

1 Cashewnüsse in einer Pfanne ohne Fettzugabe goldbraun rösten. Eine flache, rechteckige Metallform (ca. 20 x 15 cm) mit Öl einpinseln und mit 25 g Cashewnüssen ausstreuen. Rohrzucker, Zucker, Vanillezucker, Honig, Butter, Sahne, Kaffee, Kakaopulver, Zimt, Piment und Cachaça in einen Topf geben und langsam erhitzen. Mit einem Holzlöffel rühren, bis sich der Zucker aufgelöst hat.

2 Hitzezufuhr erhöhen und die Masse unter gelegentlichem Rühren etwa 7 Minuten kochen (Temperatur möglichst mit einem Thermometer kontrollieren; sie soll 116 °C erreichen).

3 Den Topf kurz in ein kaltes Wasserbad tauchen, wieder herausnehmen. Den Inhalt mit einem Holzlöffel kräftig schlagen, bis die Masse dicklich wird. 70 g Cashewnüsse untermischen.

4 Die Masse in die Form geben und mit einem geölten Messer glatt streichen. Die restlichen Cashewnüsse daraufstreuen und leicht andrücken. Sobald die Masse fester geworden ist, mit einem Messer Stücke von 1,5 x 5 cm Größe markieren. Über Nacht trocknen lassen. Am nächsten Tag die Masse der Markierung entsprechend zigarrenförmig einschneiden.

Schokoladennüsse mit Karamell

Für ca. 70 Stück

400 g geschälte, gemischte Nüsse (z. B. Haselnüsse, Pecannüsse, Walnüsse)
120 g Zucker
200 g Vollmilchkuvertüre
Kakaopulver zum Wälzen

Zubereitungszeit: ca. 30 Minuten

1 Die Nüsse in einer Pfanne ohne Fett leicht rösten, bis sie anfangen zu duften, dann beiseitestellen. Den Zucker mit 40 ml Wasser in einem Topf aufkochen.

2 Die Nüsse in die Zuckerlösung geben und so lange rühren, bis die Masse beginnt zu karamellisieren. Die Nüsse auf ein Backblech mit Backpapier geben und so verteilen, dass sie nicht aneinanderkleben. Trocknen lassen. Anschließend in eine Schüssel füllen.

3 Die Vollmilchkuvertüre im Wasserbad schmelzen. Etwas Kuvertüre zu den Nüssen gießen und unter ständigem Rühren erstarren lassen. Dann den Vorgang wiederholen, bis die Kuvertüre aufgebraucht ist. Durch das ständige Rühren wird verhindert, dass die Nüsse zusammenkleben.

4 Die fertig überzogenen Nüsse in Kakaopulver wälzen und luftdicht und kühl lagern.

Aztekengold

Für 8 Portionen

225 g Zucker
125 ml heller Rübensirup
150 g Pinienkerne
1 Prise Salz
25 g Butter
1 Tl Backpulver
etwas Öl für das Blech

Zubereitungszeit: ca. 15 Minuten (plus Zeit zum Abkühlen)

1 Zucker, Sirup und 125 ml Wasser bei hoher Hitze zu hellem Karamell einkochen. Wenn das Karamell Farbe annimmt, die Pinienkerne mit dem Salz dazugeben und alles 2–3 Minuten mitkochen.

2 Topf vom Herd nehmen, Butter und Backpulver unter die Masse rühren, auf ein gefettetes Backblech gießen und dünn verstreichen. Auskühlen lassen und in Stücke brechen.

Gebrannte Mandeln

Für 4 Portionen

200 g Mandeln
200 g Puderzucker

Zubereitungszeit: ca. 30 Minuten

1 Mandeln in einen Topf geben, mit Wasser bedecken, aufkochen und einige Minuten köcheln lassen. Abgießen, abschrecken und in einem Sieb abtropfen lassen. Die Mandeln enthäuten und gut trocken tupfen.

2 Mandeln wieder in einen Topf geben. Puderzucker und 125 ml Wasser zugeben. Langsam bei mittlerer Temperatur erhitzen, regelmäßig umrühren. Nach 10 Minuten sollte das Wasser verdampft sein.

3 Bei etwas höherer Hitze weiterrühren, bis die Mandeln mit einer braunen Schicht überzogen sind. Dann vorsichtig die heißen Mandeln auf Backpapier legen und verteilen, damit sie nicht aneinanderkleben. Mandeln abkühlen lassen.

Tipp:

Wenn das Wasser vollständig verdampft ist, ½ Tl Zimt unterrühren.

Zimtbrezeln

Für 18 Stück

50 g fettarme Margarine
1 Ei
20 g saure Sahne
1 El Zucker
10 ml Rum
140 g Weizenvollkornmehl
1 Tl Backpulver
1 Tl Zimt
Eigelb zum Bestreichen

Zubereitungszeit: ca. 30 Minuten (plus Kühl- und Backzeit)

1 Die fettarme Margarine mit dem Ei, der sauren Sahne, dem Zucker und dem Rum verrühren. Das Weizenvollkornmehl mit dem Backpulver und dem Zimt mischen und unter die Margarine-Ei-Mischung geben. Alles zu einem glatten Teig verarbeiten und 30 Minuten kühl stellen.

2 Den Teig zu einer Rolle formen, in 18 gleichmäßig große Stücke schneiden. Aus jedem Stück eine dünne Rolle formen und zu einer Brezel legen. Auf ein mit Backpapier ausgelegtes Backblech legen, mit verquirltem Eigelb bestreichen und im vorgeheizten Ofen bei 200 °C (Umluft 180 °C) etwa 15 Minuten backen.

Sesam-Dattel-Schnitten

Für 40 Stück

135 g Butter
150 g Honig
200 ml Buttermilch
2 unbehandelte Zitronen
(2 El abgeriebene Schale)
1 Eigelb
100 g gehackte Mandeln
100 g gehackte Datteln
½ Tl Salz
350 g Weizenvollkornmehl
1 P. Weinsteinbackpulver
100 g Sesamkörner

Zubereitungszeit: ca. 25 Minuten
(plus Ruhe- und Backzeit)

1 Die Butter zerlassen und mit dem Honig, der Buttermilch, der Zitronenschale und dem Eigelb cremig rühren. Die Mandeln, Datteln und das Salz hinzufügen.

2 Das Weizenvollkornmehl mit dem Weinsteinbackpulver mischen, dazusieben und unterrühren. Den Teig auf ein mit Backpapier ausgelegtes Backblech streichen und 20 Minuten ruhen lassen. Sesamkörner daraufstreuen und im vorgeheizten Ofen bei 160 °C (Umluft 140 °C) etwa 25 Minuten backen. Heiß in etwa 40 Riegel schneiden und abkühlen lassen.

Krokant

Für 2 Gläser

300 g Zucker
100 g ungeschälte ganze Mandeln
100 g Walnüsse
Fett für das Blech

Zubereitungszeit: ca. 20 Minuten (plus Zeit zum Abkühlen)

1 Den Zucker mit 8 El Wasser in einem Topf aufkochen. So lange sprudelnd kochen, bis die Masse auf 150 °C erhitzt ist und der Zucker honigfarben wird (um die Temperatur eindeutig zu bestimmen, benötigt man ein Küchenthermometer).

2 Die Mandeln und die Walnüsse sorgfältig unterrühren, bis alles vom Zucker umschlossen ist. Die Masse auf ein eingefettetes Backblech gießen und auskühlen lassen. Mit einem Nudelholz so lange darüberrollen, bis alles in die gewünschte Größe zerbrochen ist. In dekorative Gläser füllen.

Tipp:

Schmeckt viel besser als gekaufter Krokant und ist ein tolles Topping für Eis, Torten und Desserts oder einfach nur so zum Knabbern.

Käseplätzchen mit Emmentaler

Für 40 Stück

125 g Mehl
15 g geriebene Haselnüsse
Salz
Pfeffer
100 g Butter
100 g geriebener Emmentaler
1 El Speisestärke
1 Eigelb
Fett für das Blech

Zubereitungszeit: ca. 15 Minuten (plus Kühl- und Backzeit)

1 Alle Zutaten bis auf das Eigelb zu einem glatten Teig verarbeiten. Zu Rollen formen und in Klarsichtfolie gewickelt etwa 2 Stunden kalt stellen.

2 Den Backofen auf 200 °C (Umluft 180 °C) vorheizen. Die Teigrollen in dünne Scheiben schneiden, diese auf ein gefettetes Backblech legen, mit dem verquirlten Eigelb bestreichen und im Ofen etwa 15 Minuten backen.

Tipp:

Belegen Sie die Plätzchen auch mal mit Sesamsamen, Mohn, Olivenscheiben oder Kräutern.

Käsestangen
mit Salsa picante

Für 15 Stück

Für die Käsestangen
100 g Mehl, 100 g Butter
100 g Quark
1 Eigelb
65 g geriebener Parmesan
Salz, Pfeffer
Cayennepfeffer
1 Ei
1 El geriebener Gruyère
Fett für das Blech

Für die Salsa picante
1 getrocknete rote Chilischote
1 Tl Korianderkörner
½ Tl Kreuzkümmel
½ Tl getrockneter Thymian
½ Tl getrockneter Rosmarin
1 Schalotte
100 g Tomatenmark
2 El Tomatenketchup
Salz, Pfeffer, Essig

Zubereitungszeit: ca. 45 Minuten (plus Kühl- und Backzeit)

1 Mehl, kalte Butter in Flöckchen, Quark, Eigelb und Käse zu einem festen Teig verkneten und mit Salz, Pfeffer und Cayennepfeffer würzen. Gut durchkneten und ½ cm dick ausrollen. In Streifen (1 cm breit, 10 cm lang) schneiden und auf ein gefettetes Backblech legen. 30 Minuten kühl stellen.

2 Den Backofen auf 180 °C (Umluft 160 °C) vorheizen. Die Käsestangen mit dem in etwas Wasser verquirlten Ei bestreichen, mit Käse bestreuen und 15 Minuten backen.

3 Für die Salsa die Chilischote zerbröseln und mit den Gewürzkörnern und Kräutern in einer Pfanne ohne Fett anrösten, anschließend im Mörser zerstoßen.

4 Die Schalotte schälen und hacken. Mit der Gewürzmasse, Tomatenmark und -ketchup mischen und mit Salz, Pfeffer und Essig pikant abschmecken. Die Salsa zu den Käsestangen servieren.

Pralinen, Trüffel & Co.

Trüffelaprikosen

Für 60 Stück

500 g getrocknete Aprikosen
18 cl Aprikosenlikör
200 g weiße Kuvertüre
40 g Butterschmalz
50 ml Sahne
½ Tl Zimt
150 g Zartbitterkuvertüre

Zubereitungszeit: ca. 40 Minuten
(plus Marinierzeit)

1 Die Aprikosen 2 Tage in 15 cl Aprikosenlikör ziehen lassen, dabei gelegentlich umrühren. Aus dem Likör nehmen und auf Küchenpapier abtropfen lassen.

2 In jede Aprikose eine »Tasche« schneiden. Weiße Kuvertüre in Stücke brechen, mit Butterschmalz, Sahne, Zimt und dem restlichen Aprikosenlikör in einen Topf geben und unter Rühren erhitzen. Im kalten Wasserbad unter gelegentlichem Rühren abkühlen lassen.

3 Die weiße Trüffelmasse mit dem Handrührgerät cremig-weich rühren. In einen Spritzbeutel mit kleiner glatter Tülle geben und die Aprikosen damit füllen.

4 Die Zartbitterkuvertüre im warmen Wasserbad schmelzen. Aprikosen zur Hälfte in die Kuvertüre tauchen und auf einem Kuchengitter trocknen lassen. Im Kühlschrank bleiben die Trüffelaprikosen, in einem geschlossenen Behältnis aufbewahrt, 2–3 Wochen frisch.

Aprikosenkonfekt

Für 20 Stück

100 g getrocknete Aprikosen
200 g Marzipanrohmasse
300 g Puderzucker
1 Tl abgeriebene Schale von 1 unbehandelten Zitrone
2 cl Apricot Brandy
4 El Zitronensaft

Zubereitungszeit: ca. 20 Minuten (plus Zeit zum Trocknen)

1 Aprikosen und Marzipan fein würfeln. Mit 100 g Puderzucker, Zitronenschale und Apricot Brandy gut verkneten. Aus der Masse Kugeln formen und etwa 8 Stunden trocknen lassen.

2 Den restlichen Puderzucker mit Zitronensaft verrühren, Aprikosenkugeln mit dem Guss überziehen.

Tipp:

Die leicht alkoholische Aprikosen-Marzipanmasse eignet sich auch gut als Füllung für eine Praline. Überziehen Sie die Kugeln nach Gusto mit weißer Kuvertüre oder mit Zartbitterkuvertüre, und setzen Sie noch ein kleines Stückchen Aprikose drauf.

Rumkugeln

Für 30 Stück

200 g dunkle Kuvertüre
(75 % Kakaoanteil)
3 El Rum
150 g Butter
180 g Puderzucker
Kakaopulver zum Wälzen
30 Alu-Pralinenkapseln

Zubereitungszeit: ca. 30 Minuten
(plus Kühlzeit)

1 Kuvertüre im warmen Wasserbad schmelzen. Den Rum leicht erwärmen. Butter mit Puderzucker cremig rühren, Kuvertüre und Rum gut unterrühren. Die Creme 2 Stunden im Kühlschrank fest werden lassen.

2 Aus der Creme 30 Kugeln formen, in Kakaopulver wälzen und in Pralinenkapseln setzen.

Amaretto-Pralinés

Für 40 Stück

300 g Vollmilchkuvertüre
70 ml Sahne
2 Tl Glukosesirup
20 g Butter
6 cl Amaretto
40 Alu-Pralinenkapseln

Zubereitungszeit: ca. 30 Minuten (plus Kühlzeit)

1 Kuvertüre im warmen Wasserbad schmelzen lassen. Sahne mit dem Glukosesirup aufkochen und mit der Butter nach und nach in die Kuvertüre einrühren. Amaretto gut unterrühren.

2 Die Ganache mit dem Stabmixer oder Handrührgerät in kreisenden Bewegungen ca. 2 Minuten aufschlagen. Auf die Alu-Manschetten verteilen und über Nacht an einem kühlen Ort fest werden lassen.

Tipp:

Glukosesirup ist ein Sirup aus Traubenzucker, der nicht nur die Geschmeidigkeit der Creme erhöht, sondern auch ihren Schmelz verfeinert. Er ist bei Konditoren und im Reformhaus erhältlich und im Kühlschrank monatelang haltbar.

Krokant-Kaffee-Konfekt

Für 50 Stück

200 g Zucker
70 ml Glukosesirup
120 g gehobelte Mandeln
700 g dunkle Kuvertüre (70 % Kakaoanteil)
150 ml Sahne
1 El Instant-Kaffeepulver
Öl für das Blech

Zubereitungszeit: ca. 1 Stunde 30 Minuten (plus Kühlzeit)

1 Ein Backblech mit Backpapier auslegen und leicht ölen. Zucker mit 20 ml Glukosesirup schmelzen und so lange kochen, bis der Zucker völlig geschmolzen, aber nicht braun ist. Die Mandeln gut unter den Zucker rühren.

2 Den Krokant sofort auf das Backblech gießen, verteilen und mit einem eingeölten Nudelholz zu einer dünnen Platte ausrollen. Mit einem Ausstecher (1 ½ cm Durchmesser) rasch 50 Plättchen ausstechen und erkalten lassen.

3 200 g Kuvertüre klein hacken. Sahne mit restlichem Glukosesirup aufkochen, vom Herd nehmen, das Kaffeepulver einrühren und die Kuvertüre unter Rühren darin schmelzen lassen. Mit einem Mixstab durchrühren, die Ganache erkalten lassen.

4 Die Ganache noch einmal schaumig aufschlagen. In einen Spritzbeutel mit Lochtülle füllen und kleine Kugeln auf die Krokantplättchen spritzen. 24 Stunden kühl, aber nicht in den Kühlschrank, stellen.

5 Die übrige Kuvertüre temperieren. Die Krokant-Pralinen mit einer Gabel in die Kuvertüre tauchen und erkalten lassen.

Pistazienmarzipan-Pralinés

Für 40 Stück

90 g geschälte Pistazien
300 g Marzipanrohmasse
3 cl Maraschino
300 g Vollmilchkuvertüre zum Überziehen

Zubereitungszeit: ca. 40 Minuten

1 Die Pistazien sehr fein reiben. Marzipan klein schneiden und mit den Pistazien verkneten, dabei nach und nach den Maraschinolikör zugeben. Die relativ weiche Masse auf Backpapier streichen, mit Backpapier bedecken und zwischen dem Papier ca. 1–1 ½ cm dick ausrollen.

2 Einen kleinen Teil der Kuvertüre schmelzen. Eine ganz dünne Schicht Kuvertüre auf die Oberfläche des Marzipans streichen. Erstarren lassen und die Marzipanplatte umdrehen. Das Marzipan in 40 kleine Quadrate schneiden oder mit einem Ausstecher in beliebigen Formen ausstechen.

3 Die restliche Kuvertüre temperieren und die Pralinés damit überziehen.

Tipp:

Das Pistazienmarzipan eignet sich auch gut als Basis für eine Ganache-Praliné. Rollen Sie das Marzipan dünner aus und setzen Sie eine Kugel Trüffelmasse darauf, bevor Sie die Praline mit Schokolade überziehen.

Butter-Kakaosplitter-Trüffel

Für ca. 30 Stück

25 geröstete Kakaobohnen
30 g Puderzucker
100 g dunkle Kuvertüre
(70 % Kakaoanteil)
125 g Vollmilchkuvertüre
75 ml Sahne
30 g Zucker
Mark von ½ Vanilleschote
125 g Butter
150 g dunkle Kuvertüre
(70 % Kakaoanteil)
zum Überziehen

Zubereitungszeit: ca. 30 Minuten (plus Kühlzeit)

1 Kakaobohnen im Mörser zu kleinen Splittern zerstoßen. In einer Pfanne den Puderzucker mit 1 El Wasser bei schwacher Hitze hellbraun karamellisieren, die Kakaobohnensplitter hinzufügen. Gut verrühren, auf Backpapier gießen, flach ausbreiten und auskühlen lassen.

2 Kuvertüren fein reiben. Sahne, Zucker und Vanillemark aufkochen lassen. Kuvertüren hinzufügen, zu einer glatten Masse verrühren und abkühlen lassen. Die Butter cremig rühren und löffelweise in die Schokoladensahne rühren.

3 Das Kakaobohnenkaramell in kleine Splitter hacken und unter die Creme rühren. Ein Backblech mit Backpapier auslegen. Die Trüffelcreme in eine Spritztüte mit Lochtülle füllen und 30 kleine Kugeln auf das Papier spritzen. Im Kühlschrank erstarren lassen.

4 Trüffel aus dem Kühlschrank nehmen und noch einmal zu Kugeln formen. Kuvertüre temperieren. Trüffel in die Kuvertüre tauchen, kurz abtropfen lassen und auf einem Gitter hin und her rollen, sodass die typischen Trüffelspitzen entstehen. Auf einem Gitter erstarren lassen, kühl stellen.

Kaffee-Cognac-Trüffel

Für 65 Stück

400 g Zartbitterkuvertüre
250 g Vollmilchkuvertüre
80 g Kokosfett
250 g weiche Butter
100 g Puderzucker
4 El Cognac
2 Tl Instant-Kaffeepulver
weiße Kuvertüre zum
Verzieren
65 Alu-Pralinenkapseln

Zubereitungszeit: ca. 1 Stunde

1 Zartbitterkuvertüre in kleine Stücke brechen und im warmen Wasserbad schmelzen. Metall-Pralinenkapseln mit etwas geschmolzener Kuvertüre ausgießen, kopfüber auf Backpapier stellen und abtropfen lassen.

2 Vollmilchkuvertüre mit Kokosfett auf niedriger Hitze schmelzen, gut verrühren und abkühlen lassen. Die Butter mit gesiebtem Puderzucker cremig rühren und die Schokoladenmasse unterrühren, dann Cognac und Kaffeepulver. Die Masse in einen Spritzbeutel geben, noch etwas abkühlen lassen und die ausgegossenen Pralinenkapseln damit füllen.

3 Die abgetropfte Zartbitterkuvertüre vom Backpapier lösen und im Wasserbad einschmelzen. Die Pralinen damit verschließen, abkühlen lassen. Weiße Kuvertüre im Wasserbad schmelzen, in einen Spritzbeutel mit sehr feiner Tülle füllen und die Pralinen mit Punkten, Kringeln und Streifen verzieren.

Krokantnüsse

Für ca. 20 Stück

40 g Butter
120 g Zucker
250 g abgezogene gehackte Walnüsse
200 g Zartbitterschokolade
10 El Sahne

Zubereitungszeit: ca. 25 Minuten (plus Kühlzeit)

1 Butter und Zucker in einen Topf geben und bei mittlerer Hitze so lange erhitzen, bis der Zucker sich vollständig gelöst hat und die Masse leicht gebräunt ist.

2 Walnüsse hinzufügen und unter Rühren erhitzen, bis der Krokant eine schöne Bräunung hat. Die Masse auf Backpapier geben, verstreichen und kalt stellen.

3 Den abgekühlten Krokant in kleine Stücke zerstoßen, Schokolade in kleine Stücke brechen und im heißen Wasserbad schmelzen. Sahne unter die Schokolade rühren. Schokosahne etwas abkühlen lassen, dann die Krokantstücke untermengen.

4 Kleine Häufchen abnehmen und auf ein Stück Backpapier legen. Im Kühlschrank fest werden lassen.

Tipp:

Schmeckt auch gut mit abgezogenen gehackten Haselnüssen.

Türkischer Honig mit Zimt

Für 30 Stück

2 Eier
Salz
500 g Zucker
½ Tl Zimt
4 Kardamomkapseln
200 g ganze geschälte Haselnüsse
50 g Pistazien
50 g Rosinen
100 g Belegkirschen
1 El Puderzucker nach Belieben

Zubereitungszeit: ca. 40 Minuten (plus Zeit zum Abkühlen)

1 Die Eier trennen, das Eiweiß mit 1 Prise Salz steif schlagen und bis zur weiteren Verarbeitung kühl stellen (Eigelb anderweitig verwenden). Eine Kastenform mit Backpapier auslegen.

2 Den Zucker mit 150 ml Wasser in einen Topf geben und mit Zimt und Kardamomkapseln unter Rühren bei starker Hitze aufkochen. Die Masse vom Herd nehmen und weiterrühren, bis sie nicht mehr kocht, dann wieder auf den Herd stellen. Diesen Vorgang so lange wiederholen, bis die Zuckermasse zähflüssig wird. Für eine dunkle Farbe und einen kräftigen Geschmack den Zucker karamellisieren lassen, ansonsten den Vorgang vor dem Karamellisieren beenden.

3 Die Kardamomkapseln aus der zähen Masse herausnehmen und den Eischnee mit einem Handrührgerät in die heiße Zuckermischung rühren. Die Haselnüsse, Pistazien, Rosinen und Belegkirschen unterheben und die Mischung sehr zügig in die Form füllen, da sie schnell fest wird.

4 Den Türkischen Honig ca. 1 Stunde auskühlen lassen, dann in Stücke schneiden und nach Belieben in Puderzucker wälzen. Den Türkischen Honig am besten in Dosen verpackt lagern.

Mandel-Frucht-Trüffel

Für 20 Stück

4 Bananen
1 unbehandelte Orange (Saft und abgeriebene Schale)
300 g gemahlene Mandeln
100 g fein gehackte getrocknete Aprikosen
2 ½ El Kakaopulver

Zubereitungszeit: ca. 20 Minuten (plus Kühlzeit)

1 Bananen schälen, pürieren und mit dem Orangensaft und der Orangenschale verrühren. Mit den gemahlenen Mandeln und den fein gehackten getrockneten Aprikosen zu einem festen Teig verkneten und 30 Minuten kühl stellen.

2 Aus dem Teig etwa 20 Bällchen formen, in dem Kakaopulver wenden und gut andrücken. In Papierförmchen legen und bis zum Servieren kühl stellen.

Marzipan-Krokant-Kugeln

Für 45 Stück

300 g Marzipanrohmasse
1 El Rosenwasser
2 Tropfen Bittermandelaroma
1 El Kirschwasser
150 g Puderzucker
75 g Nougat
25 g Kaffeekrokant (siehe Tipp)
1 Tl Kaffeelikör
150 g Zartbitterkuvertüre

Zubereitungszeit: ca. 20 Minuten

1 Marzipanrohmasse klein würfeln und mit Rosenwasser, Bittermandelaroma, Kirschwasser und gesiebtem Puderzucker verkneten. Die Masse in etwa 45 walnussgroße Stücke teilen. Den Nougat klein würfeln und mit Kaffeekrokant und Kaffeelikör verkneten, mit einem Teelöffel in etwa kirschgroße Stückchen teilen. Ein Stück Marzipan flach drücken und ein Nougatstück in die Mitte setzen. In den Handflächen zu einer Kugel rollen.

2 Die Kuvertüre im warmen Wasserbad schmelzen. Die Marzipankugeln auf einer Gabel in die Schokolade tauchen und auf Backpapier trocknen lassen.

Tipp:

Für den Kaffeekrokant 50 g Kaffeebohnen grob hacken. 40 g Zucker hellbraun karamellisieren, Kaffee zugeben und kurz mitschmoren. Die Masse dünn auf Backpapier streichen und erkalten lassen. Vor der Verwendung fein hacken.

Kaffee-Walnuss-Pralinen

Für 35 Stück

2 Tl Instant-Kaffeepulver
200 g gemahlene Walnüsse
400 g Puderzucker
1 El Kirschwasser
35 halbe Walnüsse zum Verzieren
Zucker für die Arbeitsfläche

Zubereitungszeit: ca. 25 Minuten (plus Zeit zum Trocknen)

1 1 Tl Kaffeepulver in 2 El heißem Wasser auflösen. Mit den gemahlenen Walnüssen und 200 g Puderzucker gut vermengen. Die feste Masse auf einer mit Zucker bestreuten Fläche ca. 1 cm dick ausrollen und kleine runde Plätzchen ausstechen. Auf Backpapier legen und über Nacht trocknen lassen.

2 1 Tl Kaffeepulver in 2 El heißem Wasser auflösen und mit restlichem Puderzucker und Kirschwasser glatt rühren. Die Pralinen damit glasieren und auf jede 1 Walnusshälfte setzen.

Marmeladen & Gelees

Angeheiterte *Himbeerkonfitüre*

Für ca. 6 Gläser (à ca. 225 ml)

750 g Himbeeren,
750 g Gelierzucker 1:1
80 ml Himbeergeist

Zubereitungszeit: ca. 20 Minuten (plus Zeit zum Ziehen)

1 Die Himbeeren in ein Sieb geben, vorsichtig mit kaltem Wasser abbrausen und abtropfen lassen. Himbeeren verlesen und in eine Schüssel füllen. Mit dem Gelierzucker mischen. Die Schüssel abdecken und im Kühlschrank 1 Tag ziehen lassen.

2 Die Himbeermischung mitsamt dem ausgetretenen Saft in einen Topf füllen. Unter Rühren aufkochen. Ca. 4 Minuten sprudelnd kochen lassen, dann den Topf vom Herd ziehen. Eine Gelierprobe machen und alles eventuell noch einmal kurz weiterkochen lassen.

3 Den Himbeergeist unterrühren und die Marmelade sofort in vorbereitete, sterile Gläser füllen. Falls Marmelade an den Rand gekommen ist, sofort mit Küchenrolle wegwischen. Die Gläser sofort verschließen und für ca. 5 Minuten auf den Kopf stellen. Dann wieder umdrehen und vollständig auskühlen lassen. Dunkel aufbewahrt behält die Marmelade ihre schöne Farbe.

Homemade
for you

Sommer-Trilogie in Gläsern

Für ca. 7 Gläser (à ca. 200 ml)

500 g rote Johannisbeeren
250 g grüne Stachelbeeren
500 g Gelierzucker 2:1
250 g große, nicht zu reife Kiwis
1 Zitrone

Zubereitungszeit: ca. 20 Minuten (plus Zeit zum Ziehen)

1 Die Johannisbeeren waschen und vorsichtig trocken tupfen. Dann die Beeren von den Rispen zupfen. Die Stachelbeeren ebenfalls waschen und trocken tupfen. Noch vorhandene Stiele abzupfen und die Blütenansätze entfernen. Die Früchte halbieren. Beide Beerensorten in eine Schüssel füllen und mit dem Gelierzucker mischen. Die Schüssel abgedeckt über Nacht in den Kühlschrank stellen.

2 Am nächsten Tag die Kiwis schälen und würfeln. Die Zitrone auspressen. Beides in einen Topf geben und die Beeren-Zucker-Mischung hinzugeben. Mit dem Pürierstab nach Belieben zerkleinern. Dann unter Rühren aufkochen. Die Mischung ca. 6 Minuten sprudelnd kochen lassen. Eine Gelierprobe machen und alles eventuell noch einmal kurz weiterkochen lassen.

3 Die Konfitüre kochend heiß in sterile Gläser füllen und diese sofort verschließen. Wenn Spritzer auf den Rand gekommen sind, diese sofort mit einem sauberen Tuch entfernen und erst dann die Gläser verschließen. Anschließend für ca. 5 Minuten auf den Kopf stellen. Dann umdrehen und vollständig auskühlen lassen.

Sanddorn-Orangen-Marmelade

Für ca. 6 Gläser (à ca. 400 ml)

250 g Sanddornbeeren
3 unbehandelte Orangen
1,2 kg Pfirsiche
1 kg Gelierzucker 1:1
½ Bund Zitronenmelisse
50 ml Pfirsichlikör

Zubereitungszeit: ca. 30 Minuten (plus Zeit zum Ziehen)

1 Die Sanddornbeeren abbrausen, verlesen und die Stile abzupfen. Es werden insgesamt 200 g benötigt. In einen Topf geben. Die Orangen heiß waschen, die Schale von 1 Orange abreiben, alle Früchte auspressen. Den Fruchtsaft zu den Sanddornbeeren gießen. Erhitzen und unter Rühren kochen lassen, bis die Sanddornbeeren platzen. Die Mischung durch ein Sieb in eine Schüssel streichen.

2 Die Pfirsiche häuten, entkernen und würfeln. Zu den Sanddornbeeren geben. Den Gelierzucker und die Orangenschale unterrühren. Alles abgedeckt über Nacht ziehen lassen.

3 Die Zitronenmelisse waschen, trocken schleudern, die Blättchen hacken. Die Fruchtmischung unter Rühren aufkochen. Ca. 4 Minuten sprudelnd kochen, dann eine Gelierprobe machen. Eventuell noch etwas länger kochen lassen.

4 Die Zitronenmelisse und den Likör unter die Marmelade rühren. Spritzer vom Rand sofort mit einem sauberen Tuch entfernen. Die Gläser verschließen und für ca. 5 Minuten auf den Kopf stellen. Dann wieder umdrehen und vollständig erkalten lassen.

Heidelbeerkonfitüre mit Haselnüssen

Für ca. 8 Gläser (à ca. 250 ml)

850 g Heidelbeeren
100 g Haselnüsse
50 g Marzipanrohmasse
1 Zitrone
1 kg Gelierzucker
50 ml schwarzer Johannisbeersaft

Zubereitungszeit: ca. 25 Minuten (plus Zeit zum Ziehen)

1 Die Heidelbeeren waschen, vollständig abtropfen lassen und verlesen. 800 g Beeren abwiegen. Die Haselnüsse fein hacken, jedoch nicht mahlen. Die Marzipanrohmasse raspeln. Die Zitrone auspressen.

2 Heidelbeeren, Haselnüsse, Marzipan und Zitronensaft in einen Topf geben. Gelierzucker und Johannisbeersaft darunterrühren und alles abgedeckt ca. 1 Stunde ziehen lassen.

3 Die Mischung unter Rühren erhitzen und ca. 4 Minuten sprudelnd kochen lassen. Eine Gelierprobe machen und die Konfitüre eventuell noch einmal kurz weiterkochen lassen. Dann in sterile Gläser füllen. Spritzer vom Rand sofort mit einem sauberen Tuch abwischen.

4 Die Gläser sofort verschließen und für ca. 5 Minuten auf den Kopf stellen. Dann umdrehen und vollständig auskühlen lassen.

Kir-Royal-Marmelade

Für ca. 7 Gläser (à ca. 250 ml)

750 g schwarze Johannisbeeren
800 g Gelierzucker 1:1
3 El Zitronensaft
250 ml Crémant d'Alsace
¼ g Goldflitter (aus dem Feinkostgeschäft) nach Belieben

Zubereitungszeit: ca. 35 Minuten (plus Zeit zum Ziehen)

1 Die Johannisbeeren waschen und vorsichtig trocken tupfen. Dann verlesen, mit dem Gelierzucker in einem Topf mischen und über Nacht ziehen lassen.

2 Am nächsten Tag die Mischung in einen Topf geben. Den Zitronensaft und den Crémant unterrühren. Alles unter Rühren aufkochen, dann die Hälfte der Masse abnehmen und glatt pürieren. Wieder zu den ganzen Früchten in den Topf geben und alles erneut aufkochen. Ca. 3 Minuten sprudelnd kochen lassen, dann eine Gelierprobe durchführen und die Marmelade gegebenenfalls noch kurz weiterkochen lassen.

3 Den Topf vom Herd nehmen, jetzt nach Belieben den Goldflitter unterrühren und die Marmelade in sterile Gläser füllen. Spritzer vom Rand sorgfältig entfernen. Dann die Gläser sofort verschließen und für ca. 5 Minuten auf den Kopf stellen. Wieder umdrehen und vollständig auskühlen lassen.

Mirabellen-Mandel-Konfitüre

Für 4 Gläser (à ca. 200 ml)

550 g Mirabellen
1 Zitrone
500 g Gelierzucker 1:1
50 g gehackte Mandeln
Mirabellengeist zum Ausspülen der Gläser

Zubereitungszeit: ca. 40 Minuten (plus Zeit zum Ziehen)

1 Die Mirabellen waschen und trocken tupfen. Dann halbieren, entsteinen und in Würfel schneiden. Die Zitrone auspressen.

2 Das Mirabellenfruchtfleisch in ein Püriergefäß füllen und den Zitronensaft hinzugießen. Dann den Gelierzucker unterrühren und alles abgedeckt im Kühlschrank über Nacht ziehen lassen.

3 Am nächsten Tag die gehackten Mandeln in einer Pfanne ohne Fett goldgelb rösten. Vom Herd nehmen und abkühlen lassen. Die Fruchtmischung fein pürieren. Dann die Mandeln unterrühren.

4 Das Fruchtmus in sterile und mit Mirabellengeist ausgespülte Gläser füllen. Spritzer vom Rand sofort entfernen. Die Deckel innen ebenfalls mit Mirabellenbrand benetzen, dann die Gläser sofort verschließen.

5 Die Konfitüre im Kühlschrank aufbewahren und innerhalb von 3 Monaten verbrauchen.

Zwetschgenmus

Für ca. 7 Gläser (à ca. 250 ml)

1,5 kg Zwetschgen
750 g Zucker
1 Zimtstange
1 Vanilleschote
2 Gewürznelken
½ Sternanis

Zubereitungszeit: ca. 30 Minuten (plus Zieh-, Back- und Kochzeit)

1 Die Zwetschgen waschen, trocknen und entsteinen. Mit dem Zucker in einer Schüssel mischen. Abgedeckt über Nacht ziehen lassen, damit sich Saft bildet.

2 Die Zwetschgen-Zucker-Mischung in die Fettpfanne des Backofens geben und diesen auf 200 °C heizen. Nach ca. 1 Stunde die Hitze auf 160 °C reduzieren. Die Zwetschgen 1 weitere Stunde im Ofen belassen.

3 Zwetschgenmasse aus dem Ofen nehmen und in einen Topf umfüllen. Pürieren, dann die Zimtstange hinzugeben. Die Vanilleschote längs aufschneiden und das Mark herauskratzen. Beides hinzugeben. Die Gewürznelken und den Sternanis fein mahlen und zu den Zwetschgen geben. Unter Rühren aufkochen, dann mindestens 1 Stunde leise köcheln lassen. Die Zimtstange und die Vanilleschote entfernen. Eine Gelierprobe machen und alles eventuell noch einmal kurz weiterkochen lassen.

4 Das Mus kochend heiß in sterile Gläser füllen. Spritzer vom Rand sofort mit einem sauberen Tuch entfernen. Die Gläser verschließen und für ca. 5 Minuten auf den Kopf stellen. Dann umdrehen und vollständig auskühlen lassen.

Schichtmarmelade

Für ca. 10 Gläser (à ca. 200 ml)

750 g Süßkirschen
2 El Zitronensaft
750 g Gelierzucker 2:1
750 g Aprikosen
100 g Mandelblättchen

Zubereitungszeit: ca. 40 Minuten (plus Ziehzeit)

1 Kirschen waschen, trocknen und entsteinen. Die Hälfte der Früchte halbieren. Alle Früchte mit dem Zitronensaft vermischen. 375 g Gelierzucker unterheben und ca. 2 Stunden ziehen lassen.

2 Die Aprikosen waschen und trocken reiben. Die Früchte halbieren, entsteinen, würfeln und mit dem restlichen Gelierzucker mischen. Ebenfalls abdecken und für ca. 2 Stunden ziehen lassen. Die Mandelblättchen goldgelb rösten, dann abkühlen lassen.

3 Die Kirschenmischung in einen Topf umfüllen. Unter Rühren zum Kochen bringen und bei leichter Hitze im offenen Topf ca. 4 Minuten köcheln lassen. Die Aprikosenmischung pürieren und in einen zweiten Topf umfüllen. Ebenfalls unter Rühren aufkochen und ca. 4 Minuten sprudelnd kochen lassen. Eine Gelierprobe machen und alles eventuell noch kurz weiterkochen lassen. Die Kirschkonfitüre auf die Gläser aufteilen, sodass diese ungefähr halb voll sind. Darauf die Hälfte der Mandelblättchen streuen. Die restlichen Mandeln unter die Aprikosenkonfitüre rühren. Diese anschließend auf die Gläser verteilen. Falls Spritzer auf den Rand gekommen sind, sofort entfernen. Die Gläser sofort verschließen, 15 Minuten ruhen lassen, dann für ca. 5 Minuten auf den Kopf stellen. Wieder umdrehen und vollständig auskühlen lassen.

Schoko-Kirsch-Konfitüre

Für ca. 10 Gläser (à ca. 200 ml)

1,2 kg Schattenmorellen
1 kg Gelierzucker 1:1
50 g Zartbitterschokolade
40 ml Kakaolikör

Zubereitungszeit: ca. 20 Minuten (plus Zeit zum Ziehen)

1 Die Sauerkirschen waschen und trocken tupfen. Die Stiele entfernen, die Früchte entsteinen. In einem Topf mit dem Gelierzucker mischen und abgedeckt ca. 3 Stunden ziehen lassen. Dann die Hälfte der Früchte aus dem Topf nehmen und glatt pürieren. Die pürierte Fruchtmischung wieder zu den ganzen Früchten geben. Die Zartbitterschokolade raspeln.

2 Die Kirschen unter Rühren zum Kochen bringen. Ca. 5 Minuten sprudelnd kochen lassen. Eine Gelierprobe machen und alles eventuell noch einmal kurz weiterkochen lassen. Dann die Schokolade und den Kakaolikör unterrühren. Die Konfitüre in sterile Gläser füllen. Spritzer am Glasrand mit einem sauberen Tuch entfernen. Die Gläser sofort verschließen und für ca. 5 Minuten auf den Kopf stellen. Dann die Gläser wieder umdrehen und vollständig auskühlen lassen.

Bratapfelmarmelade

Für ca. 8 Gläser (à ca. 200 ml)

100 g Rosinen
75 ml Rum
1 Zitrone
1 kg Äpfel
1 Vanilleschote
50 ml Apfelsaft
50 g Marzipanrohmasse
500 g Gelierzucker 2:1
80 g gehackte Mandeln
1 Tl Zimt
½ Tl Anis
ca. 6 Tropfen Bittermandelaroma

Zubereitungszeit: ca. 45 Minuten

1 Die Rosinen heiß abbrausen, trocken tupfen und bis zur weiteren Verwendung im Rum einweichen. Die Zitrone auspressen. Die Äpfel waschen, trocken reiben, schälen und vierteln. Die Kerngehäuse entfernen und das Fruchtfleisch klein würfeln. Sofort in einem Topf mit dem Zitronensaft mischen.

2 Die Vanilleschote längs aufschneiden. Das Mark herauskratzen und mit der Schote zu den Äpfeln geben. Den Apfelsaft dazugießen. Das Marzipan so fein wie möglich hacken und dazugeben. Alles unter Rühren sehr weich dünsten.

3 Den Gelierzucker unterrühren, dann die Mandeln und die Gewürze. Alles unter Rühren aufkochen lassen. Ca. 4 Minuten sprudelnd kochen lassen, dann die Vanilleschote entfernen. Eine Gelierprobe machen und die Marmelade eventuell noch etwas länger kochen lassen. Zum Schluss die eingeweichten Rosinen unterrühren und die kochend heiße Marmelade in sterile Gläser füllen.

4 Spritzer am Rand mit einem Tuch entfernen. Die Gläser verschließen und für ca. 5 Minuten auf den Kopf stellen. Umdrehen und vollständig auskühlen lassen.

Rhabarbergelee

Für ca. 6 Gläser (à ca. 250 ml)

1 kg Rhabarber
1 Zitrone
500 g säuerliche Äpfel
ca. 750 g Gelierzucker 1:1 (je nach Saftmenge)

Zubereitungszeit: ca. 20 Minuten (plus Kochzeit)

1 Den Rhabarber waschen, trocken reiben und putzen. Dann die Stangen längs halbieren und in ca. 2 cm lange Stücke schneiden. In einen Topf geben. Die Zitrone auspressen und den Saft zum Rhabarber gießen.

2 Die Äpfel waschen, trocken reiben und vierteln, aber nicht schälen. Das Kerngehäuse entfernen und die Viertel nochmals halbieren. Unter den Rhabarber mischen. Alles knapp mit Wasser bedecken und aufkochen. Bei mittlerer Hitze ca. 20 Minuten köcheln lassen.

3 Ein Sieb mit einem feuchten Mulltuch auslegen. Die Fruchtmischung hineingießen, dabei den Saft auffangen. Den Saft abmessen und mit der gleichen Menge Gelierzucker in einen Topf geben. Aufkochen und unter Rühren ca. 4 Minuten sprudelnd kochen lassen. Eine Gelierprobe machen und alles eventuell noch einmal kurz weiterkochen lassen.

4 Das kochend heiße Gelee in sterile Gläser füllen. Wenn Spritzer auf den Glasrand kommen, diese mit einem sauberen Tuch entfernen. Die Gläser sofort verschließen und für ca. 5 Minuten auf den Kopf stellen. Dann wieder umdrehen und vollständig auskühlen lassen.

Quitten-Orangen-Gelee

Für ca. 8 Gläser (à ca. 250 ml)

2 Zitronen
10 Orangen
2 kg Quitten
1 kg Gelierzucker 1:1

Zubereitungszeit: ca. 50 Minuten (plus Kochzeit)

1 Die Zitronen und die Orangen auspressen. Den Saft abmessen und mit etwas Wasser auf 1,5 Liter auffüllen. In einen Topf geben.

2 Die Quitten waschen und trocken reiben. Dabei die pelzige Außenhülle abreiben. Von den Früchten die Stiele und Blütenansätze entfernen, dann alles vierteln und nochmals halbieren. Das Kerngehäuse muss nicht entfernt werden. Die Fruchtstücke sofort in die Wasser-Saft-Mischung geben, damit sie sich nicht verfärben. Alles bei geschlossenem Topf ca. 40 Minuten köcheln lassen. Anschließend durch ein Sieb gießen.

3 Ein zweites Sieb auf einen Topf stellen und mit einem feuchten Mulltuch auslegen. Die Flüssigkeit ins Mulltuch geben und abtropfen lassen. Das Mulltuch nur ganz sacht ausdrücken.

4 Den Gelierzucker zur Saftmischung geben und alles unter Rühren aufkochen. Ca. 4 Minuten kochen lassen. Eine Gelierprobe machen und eventuell noch etwas länger kochen lassen. Dann das Gelee in sterile Gläser füllen. Spritzer vom Rand sofort mit Küchenkrepp abwischen. Die Gläser verschließen und für ca. 5 Minuten auf den Kopf stellen. Dann umdrehen und vollständig erkalten lassen.

Granatapfelgelee
mit Orangenschale

Für ca. 6 Gläser (à ca. 250 ml)

ca. 10 Granatäpfel
2 unbehandelte Orangen
500 g Gelierzucker 2:1

Zubereitungszeit: ca. 30 Minuten

1 Die Granatäpfel halbieren und mit einer Zitruspresse kräftig auspressen. (Da der Saft stark färbt, sollte am besten mit Küchenschürze und Handschuhen gearbeitet werden.) 1 Liter Saft abmessen.

2 Die Orangen heiß waschen, trocknen und die Schale dünn abreiben. Mit dem Granatapfelsaft in einen Topf füllen und den Gelierzucker dazugeben. Unter Rühren aufkochen und ca. 4 Minuten sprudelnd kochen lassen. Eine Gelierprobe machen und das Gelee eventuell noch kurz weiterkochen lassen.

3 Das Gelee kochend heiß in sterile Gläser füllen. Spritzer vom Rand mit einem sauberen Tuch entfernen. Die Gläser für ca. 5 Minuten auf den Kopf stellen. Dann wieder umdrehen und vollständig erkalten lassen.

Erdbeer-Himbeer-Gelee

Für ca. 6 Gläser (à ca. 250 ml)

1,2 kg Erdbeeren
750 g Himbeeren
1 Zitrone
500 g Gelierzucker 2:1

Zubereitungszeit: ca. 30 Minuten (plus Kochzeit)

1 Die Erdbeeren waschen, trocknen, putzen und klein schneiden. Die Himbeeren waschen, abtropfen lassen und zu den Erdbeeren geben. 100 ml Wasser hinzugießen. Alles aufkochen und bei geschlossenem Deckel und milder Hitze ca. 10 Minuten köcheln lassen.

2 Ein Sieb mit einem feuchten Mulltuch auslegen und über eine Schüssel hängen. Die Beerenmischung hineingießen und leicht ausdrücken. 950 ml Saft abmessen und in einen Topf geben.

3 Die Zitrone auspressen und den Saft ebenfalls in den Topf geben. Zum Schluss den Gelierzucker unterrühren. Die Mischung aufkochen und ca. 4 Minuten sprudelnd kochen lassen. Eine Gelierprobe durchführen und das Gelee eventuell noch kurz weiterkochen lassen.

4 Das Gelee in sterile Gläser füllen. Spritzer vom Rand sofort mit einem sauberen Tuch entfernen. Die Gläser verschließen und für ca. 5 Minuten auf den Kopf stellen. Dann umdrehen und vollständig auskühlen lassen.

Betörende Pfirsichkonfitüre

Für ca. 8 Gläser (à ca. 200 ml)

1,2 kg Pfirsiche
1 Limette
500 g Gelierzucker 2:1
1 El Lavendelblüten

Zubereitungszeit: ca. 25 Minuten

1 Die Pfirsiche kreuzweise einritzen und in eine Schüssel legen. Mit kochendem Wasser übergießen und die Früchte darin ca. 30 Sekunden liegen lassen. Dann in ein Sieb abschütten und die Schale entfernen.

2 Die Früchte halbieren und die Steine entfernen. Die Limette auspressen. Pfirsichfruchtfleisch und Limettensaft in ein Püriergefäß füllen und cremig mixen. Dann in einen Topf umfüllen und den Gelierzucker mit den Lavendelblüten hinzugeben. Alles unter Rühren aufkochen und ca. 4 Minuten sprudelnd kochen lassen. Eine Gelierprobe machen und eventuell alles noch kurz weiterkochen lassen.

3 Die Konfitüre in sterile Gläser füllen. Spritzer vom Rand sofort entfernen. Die Gläser sofort verschließen und für ca. 5 Minuten auf den Kopf stellen. Dann umdrehen und vollständig auskühlen lassen.

Zitronengelee

Für ca. 8 Gläser (à ca. 250 ml)

- 1 ½ kg Zitronen, davon 3 unbehandelt
- 1 kg Gelierzucker 1:1
- 1 Bund Zitronenmelisse nach Belieben

Zubereitungszeit: ca. 40 Minuten

1 Die unbehandelten Zitronen heiß waschen und trocknen. Ca. 8 Schalenspiralen ganz dünn abschälen, sodass später in jedes Glas eine Schalenspirale kommt.

2 Die Früchte auspressen und 1 Liter Saft abmessen. Ein Sieb mit einem feuchten Mulltuch auslegen und auf einen Topf stellen. Den Saft durchstreichen. Den Gelierzucker zum Saft geben. Nach Belieben Zitronenmelisse waschen, trocken schleudern, die Blättchen abzupfen und in Streifen schneiden.

3 Die Zitronensaftmischung aufkochen, die Schalenspiralen dazugeben und alles ca. 4 Minuten sprudelnd kochen lassen. Nach Belieben die Zitronenmelisse hinzufügen. Eine Gelierprobe durchführen und eventuell noch kurz weiterkochen lassen.

4 Das Gelee in vorbereitete, sterile Gläser füllen. Dabei die Schalenspiralen auf die Gläser verteilen. Spritzer vom Glasrand sauber entfernen. Die Gläser verschließen und für ca. 5 Minuten auf den Kopf stellen. Dann umdrehen. Falls die Schalenspiralen auf den Boden sinken, die Gläser erneut umdrehen. Vollständig auskühlen lassen.

Eingemachtes & Co.

Apfel-Zitrus-Kompott

Für ca. 6 Gläser
(à ca. 500 ml)

1 unbehandelte Zitrone
1 unbehandelte Orange
1,5 kg säuerliche Äpfel
750 g Zucker
200 g Rosinen

Zubereitungszeit: ca. 30 Minuten (plus Dünst- und Einkochzeit)

1 Die Zitrone und die Orange heiß abwaschen und trocken reiben. Die Schalen abreiben und die Früchte auspressen. Die Äpfel schälen und vierteln. Die Kerngehäuse entfernen. Das Fruchtfleisch nicht zu klein würfeln. Mit den Zitrussäften und -schalen in einen Topf geben. Den Zucker und 500 ml Wasser hinzugießen und die Mischung erhitzen. Die Rosinen in einem Sieb heiß abbrausen.

2 Die Apfelmischung bei milder Hitze ca. 5 Minuten dünsten. Dann die Rosinen hinzugeben. Das Kompott in Einmachgläser füllen. Die Gläser verschließen und im Einkochtopf bei 80 °C ca. 30 Minuten einkochen. Alternativ die Gläser einzeln in die Mikrowelle stellen. Jedes Glas bei 720 Watt ca. 4 Minuten erhitzen, bis es darin zu perlen beginnt. Dann auf 180 Watt herunterschalten und jedes Glas noch einmal 4 Minuten weitergaren lassen.

3 Fürs Einkochen im Backofen die Gläser in die Fettpfanne des Ofens stellen und 2 cm hoch Wasser einfüllen. Den Ofen auf 180 °C heizen und die Gläser ca. 30 Minuten so lange einkochen, bis es darin zu perlen beginnt. Dann den Ofen ausstellen und die Gläser weitere 20 Minuten im heißen Ofen belassen.

Renekloden-Pflaumen-Kompott

Für ca. 5 Gläser (à ca. 400 ml)

1 kg Renekloden
500 g Pflaumen
250 g Zucker
1 El abgeriebene Schale von 1 unbehandelten Zitrone
1 Vanilleschote
250 ml Birnensaft

Zubereitungszeit: ca. 30 Minuten (plus Einkochzeit)

1 Die Renekloden und Pflaumen waschen, trocken reiben, halbieren und entsteinen. Mit dem Zucker und der Zitronenschale in einem Topf vermischen.

2 Die Vanilleschote längs halbieren und das Mark herauskratzen. Die Schote in 5 Stücke teilen und mit dem Mark zu den Früchten geben. Den Birnensaft und 250 ml Wasser hinzugießen. Alles aufkochen und ca. 3 Minuten sprudelnd kochen lassen. Den Schaum abschöpfen und die Früchte in die vorbereiteten Gläser füllen.

3 Den Fruchtsud auf die Gläser verteilen. Die Vanilleschoten ebenfalls in die Gläser geben und diese verschließen. Im Einkochtopf bei 80 °C ca. 30 Minuten einkochen. Alternativ je 1 Glas in die Mikrowelle stellen und bei 720 Watt ca. 4 Minuten erhitzen, bis es darin zu perlen beginnt. Dann auf 180 Watt herunterschalten und jedes Glas weitere 4 Minuten garen.

4 Fürs Einkochen im Backofen die Gläser in die Fettpfanne des Ofens stellen und 2 cm hoch Wasser einfüllen. Den Ofen auf 180 °C heizen und die Gläser ca. 30 Minuten so lange einkochen, bis es darin zu perlen beginnt. Dann den Ofen ausstellen und die Gläser weitere 30 Minuten im heißen Ofen belassen.

Birnen in Rotwein

Für ca. 4 Gläser (à ca. 500 ml)

1 unbehandelte Zitrone
750 ml Rotwein
250 ml Portwein
300 g brauner Zucker
2 Zimtstangen
4 Gewürznelken
1,2 kg möglichst kleine, nicht zu weiche Birnen

Zubereitungszeit: ca. 30 Minuten (plus ca. Kochzeit)

1 Die Zitrone heiß waschen und trocken reiben. Die Schale abreiben und den Saft auspressen. Die Schale in einen Topf geben. Rotwein, Portwein, Zucker und Gewürze hinzugeben. Die Mischung unter Rühren aufkochen lassen, dann ca. 15 Minuten kochen lassen.

2 Die Birnen waschen, trocknen und schälen. Halbieren und die Kerngehäuse entfernen. Die Birnen mit dem Zitronensaft in die kochende Rotweinmischung geben und ca. 5 Minuten sprudelnd kochen lassen. Die Birnen mit Sud kochend heiß in sterile Gläser füllen. Sofort verschließen und die Gläser für ca. 5 Minuten auf den Kopf stellen. Dann umdrehen und vollständig auskühlen lassen.

Jahres-Rumtopf
mit Saisonfrüchten

Für ca. 5 Gläser (à ca. 250 ml)

Im Juni
500 g Süßkirschen

Im Juli
je 250 g Aprikosen, Johannis-, Stachel-, Himbeeren

Im August
250 g Renekloden
250 g Zwetschgen
250 g Mirabellen

Im September
250 g Birnen

Im Oktober
je 250 g blaue und grüne Trauben

1 Alle Früchte vor der Zugabe in den Rumtopf waschen und trocken tupfen. Von den Kirschen nur die Stiele entfernen. Die Früchte nicht entsteinen. Renekloden, Zwetschgen und Mirabellen halbieren und entsteinen. Die Birnen schälen, das Kerngehäuse entfernen und die Früchte in Spalten schneiden.

2 Die Früchte jeweils mit mindestens der Hälfte bis maximal derselben Gewichtsmenge Zucker mischen und in den Rumtopf schichten. Mit Rum bedecken, sodass die Flüssigkeit mindestens daumenbreit über den Früchten steht. Einen Teller auflegen, der die Früchte nach unten drückt, sodass sie nicht oben schwimmen.

3 Je nach Saison neue Fruchtsorten hinzugeben. Dabei immer wieder mit Zucker mischen und mit Rum bedecken. Den Topf immer gut verschließen und kühl und dunkel aufbewahren.

Tipp:

Die Früchte können nach Belieben variiert werden. Auch exotische Früchte schmecken sehr gut. Wichtig ist allerdings, dass die Früchte von bester Qualität sind und dass immer sauber gearbeitet wird. Den Rumtopf dann bis zum 1. Advent ziehen lassen und über den Winter zu Desserts verzehren.

Außerdem

2–3 kg Zucker
ca. 2,5 l hochprozentiger Rum (54 %)

Zubereitungszeit: ca. 40 Minuten (plus Zeit zum Einlegen)

Johannisbeersirup

Für ca. 8 Flaschen (à ca. 250 ml)

1 kg rote Johannisbeeren
1 kg Zucker

Zubereitungszeit: ca. 30 Minuten (plus Koch- und Abtropfzeit)

1 Die Johannisbeeren waschen und trocken tupfen. Dann die Beeren von den Rispen zupfen und in einen Topf geben. 250 ml Wasser und den Zucker hinzugeben und alles unter Rühren aufkochen lassen.

2 Die Hitze zurückschalten und die Mischung weitere 15 Minuten köcheln lassen, bis die Beeren aufgeplatzt sind. Ein Sieb auf einen ausreichend großen Topf stellen und mit einem feuchten Mulltuch auslegen. Die Mischung hineingießen. Abdecken und über Nacht abtropfen lassen.

3 Am nächsten Tag die Mischung erneut aufkochen. Ca. 4 Minuten sprudelnd kochen lassen. Dann sofort in sterile Flaschen füllen. Die Flaschen sofort verschließen und vollständig auskühlen lassen.

Quitten im Karamellsud

Für ca. 2 Gläser (à ca. 1 l)

1 kg Quitten
1 unbehandelte Zitrone
1 Vanilleschote
350 g Zucker
400 ml Apfelsaft

Zubereitungszeit: ca. 50 Minuten (plus Kochzeit)

1 Die Quitten abreiben, sodass der Flaum entfernt wird. Dann die Früchte waschen, trocknen und schälen. Die Früchte vierteln und die Kerngehäuse entfernen. Schalen und Kerngehäuse in einen Topf geben und mit Wasser gerade so bedecken.

2 Die Zitrone heiß waschen, dann trocknen. Die Schale abreiben und die Frucht auspressen. Zitronenschale zur Quittenschale geben. Die Quittenviertel nochmals längs halbieren, mit dem Zitronensaft einreiben und abdecken.

3 Die Quittenschalenmischung aufkochen und ca. 20 Minuten weich kochen. Dann durch ein Sieb passieren. Die Vanilleschote längs aufschneiden und das Mark herauskratzen. Beides zum Schalensud geben.

4 Den Zucker in einen Topf geben, erhitzen und goldgelb karamellisieren lassen (nicht dunkler, sonst wird der Geschmack zu dominant). Dann mit dem Sud und dem Apfelsaft ablöschen und loskochen. Sobald sich der Zucker wieder aufgelöst hat, die Quittenstücke hineingeben und ca. 15 Minuten halb weich köcheln lassen.

5 Die Quittenstücke mit einer Schaumkelle herausheben und auf die sterilen Gläser verteilen. Den Sud bei starker Hitze im offenen Topf noch ca. 5 Minuten einkochen lassen. Dann kochend heiß über die Quittenstücke verteilen. Die Gläser sofort verschließen und für ca. 5 Minuten auf den Kopf stellen. Dann umdrehen und vollständig erkalten lassen.

Cidre

Cidre-Äpfel mit Vanille

Für ca. 5 Gläser (à ca. 500 ml)

1 Vanilleschote
200 ml Apfelsaft
350 ml Cidre
1 unbehandelte Zitrone
175 g Gelierzucker 1:1
2 kg kleine, feste Äpfel

Zubereitungszeit: in der Mikrowelle ca. 1 Stunde, im Backofen ca. 35 Minuten (plus Zeit zum Einkochen und Nachgaren)

1 Die Vanilleschote aufschneiden und das Mark herauskratzen. Schote in 5 Stücke teilen und mit dem Mark, dem Apfelsaft und dem Cidre in einen Topf geben. Die Zitrone heiß waschen, die Schale dünn abreiben. ½ Zitrone auspressen. Schale und Saft mit dem Gelierzucker zum Cidre geben. Unter Rühren aufkochen, dann vom Herd nehmen.

2 Die Äpfel schälen, vierteln, entkernen und in Gläser schichten. Sofort mit dem Cidresud begießen. Die Gläser sollten bis 1–2 cm unter den Rand gefüllt sein. Spritzer vom Glasrand entfernen, dann die Gläser fest verschließen.

3 Die Gläser im Einkochtopf bei 80 °C ca. 30 Minuten einkochen. Alternativ jedes Glas einzeln in die Mikrowelle stellen und bei 720 Watt ca. 4 Minuten erhitzen, bis es darin zu perlen beginnt. Dann bei 180 Watt und jedes Glas weitere 4 Minuten garen lassen.

4 Fürs Einkochen im Backofen die Gläser in die Fettpfanne des Ofens stellen und 2 cm hoch Wasser einfüllen. Den Ofen auf 180 °C heizen und die Gläser ca. 30 Minuten so lange einkochen, bis es darin zu perlen beginnt. Dann den Ofen ausstellen und die Gläser weitere 30 Minuten im heißen Ofen belassen.

Sherrybirnen in Weißwein-Sud

Für ca. 5 Gläser (à ca. 500 ml)

1 unbehandelte Orange
1 Zimtstange
400 ml Weißwein
3 El Sherry
100 g Honig
250 g Zucker
1,8 kg reife, feste Birnen, möglichst klein

Zubereitungszeit: in der Mikrowelle ca. 1 Stunde, im Backofen ca. 35 Minuten (plus Einkoch- und Nachgarzeit)

1 Die Orange heiß waschen und trocken reiben. Die Schale dünn abreiben. Mit der Zimtstange, dem Weißwein, Sherry, Honig und Zucker in einen Topf geben und aufkochen.

2 Die Birnen waschen, trocknen, schälen und vierteln. Die Kerngehäuse und Stiele entfernen. Die Birnenspalten in die vorbereiteten Gläser füllen und mit der Weißweinmischung begießen. Die Gläser sollten bis 1–2 cm unter den Rand mit Flüssigkeit gefüllt sein. Spritzer am Rand entfernen, dann die Gläser verschließen.

3 Im Einkochtopf bei 80 °C ca. 30 Minuten einkochen. Alternativ die Gläser einzeln in die Mikrowelle stellen und bei 720 Watt ca. 4 Minuten erhitzen, bis es darin zu perlen beginnt. Dann auf 180 Watt herunterschalten und jedes Glas noch einmal 4 Minuten weitergaren lassen.

4 Fürs Einkochen im Backofen die Gläser in die Fettpfanne des Ofens stellen und 2 cm hoch Wasser einfüllen. Den Ofen auf 180 °C heizen und die Gläser ca. 30 Minuten so lange einkochen, bis es darin zu perlen beginnt. Dann den Ofen ausstellen und die Gläser weitere 35 Minuten im heißen Ofen belassen. Ungeöffnet halten sich die Birnen etwa 1 Jahr.

Ananas-Mango-Kompott

Für ca. 4 Gläser (à ca. 500 ml)

1 Ananas (ca. 750 g)
1,2 kg reife, aber noch feste Mangos
3 Zweige Zitronenthymian
350 g Gelierzucker 2:1

Zubereitungszeit: ca. 30 Minuten (plus Kochzeit)

1 Von der Ananas Strunk und Blattansatz entfernen. Anschließend die Frucht gründlich schälen, dabei auch alle Augen entfernen. Die Ananas längs vierteln, dann den harten Mittelteil herausschneiden und das Fruchtfleisch klein würfeln. Saft auffangen. Die Mangos waschen, trocknen und schälen. Das Fruchtfleisch vom Stein schneiden und in dünne Spalten teilen. Zitronenthymian waschen, trocken tupfen und die Blättchen abzupfen.

2 Die Ananasstücke mit dem aufgefangenen Saft in einen Topf geben. 250 ml Wasser hinzufügen und alles aufkochen. Bei milder Hitze die Mischung im geschlossenen Topf ca. 15 Minuten köcheln lassen. Dann die Mangospalten hinzufügen und alles weitere 10 Minuten köcheln lassen.

3 Den Gelierzucker hinzufügen, weitere 3 Minuten köcheln lassen, dann den Zitronenthymian unterrühren. Alles in sterile Gläser füllen. Falls Spritzer auf den Glasrand kommen, sofort mit einem sauberen Tuch entfernen. Dann die Gläser sofort verschließen und für ca. 5 Minuten auf den Kopf stellen. Umdrehen und vollständig erkalten lassen.

Orientalische Aprikosen

Für ca. 5 Gläser (à ca. 500 ml)

1,5 kg feste Aprikosen
275 g Zucker
1 Zitrone
1 Zimtstange
1 Vanilleschote
½ Tl Kardamomkapseln
2 Sternanis

Zubereitungszeit: ca. 50 Minuten (plus Kochzeit)

1 Die Aprikosen waschen, trocknen und kreuzweise einritzen. Immer ca. 5 Aprikosen auf eine Schaumkelle legen und für ca. 30 Sekunden in kochendes Wasser tauchen. Herausnehmen und in einem Sieb auskühlen lassen. Dann die Früchte häuten, halbieren und die Steine herauslösen. Je nach Größe die Früchte auch vierteln.

2 900 ml Wasser mit dem Zucker in einem Topf mischen. Die Zitrone auspressen und den Saft mit der Zimtstange hinzugeben. Die Vanilleschote längs halbieren und das Mark herauskratzen. Die Schote in die Anzahl der Gläser teilen. Mark und Schotenstücke in den Topf geben. Dann die Kardamomkapseln und den Sternanis hinzufügen. Alles unter Rühren aufkochen und ca. 10 Minuten kochen lassen.

3 Die Aprikosenstücke hinzufügen. Alles ca. 1 Minute sprudelnd kochen lassen. Kochend heiß in sterile Gläser füllen. Falls Spritzer auf den Rand kommen, diese sofort mit einem sauberen Tuch entfernen. Die Gläser sofort fest verschließen und für ca. 5 Minuten auf den Kopf stellen. Umdrehen und vollständig auskühlen lassen.

Kandierter Ingwer in Grappa

Für ca. 5 Gläser (à ca. 200 ml)

250 g Ingwer
250 g Zucker
500 ml Grappa

Außerdem
Zucker zum Bestreuen

Zubereitungszeit: ca. 40 Minuten (plus Kochzeit und Zeit zum Trocknen und Ziehen)

1 Den Ingwer schälen und in Scheiben schneiden. Mit 250 ml Wasser in einen Topf geben und bei mittlerer Hitze aufkochen. Ca. 20 Minuten köcheln lassen. Dann den Zucker hinzufügen und in der Mischung auflösen. Vom Herd nehmen und alles abkühlen lassen.

2 Am zweiten und dritten Tag die Mischung jeweils wieder aufkochen und ca. 20 Minuten sanft köcheln lassen. Jeweils wieder vom Herd nehmen und abkühlen lassen. Am vierten Tag die Mischung erneut aufkochen und so lange bei offenem Topf köcheln lassen, bis der Sud sirupartig eindickt.

3 Die Ingwerstücke herausnehmen. Auf mit Zucker bestreutes Backpapier verteilen, dann alles mit weiterem Zucker bestreuen. Ca. 3 Tage trocknen lassen. Dann die Ingwerscheiben einzeln auf die Gläser verteilen. Diese nur bis maximal zur Hälfte mit dem Ingwer füllen. Alles mit dem Grappa bis zum Glasrand bedecken. Die Gläser verschließen und den Ingwer mindestens 1 Woche ziehen lassen.

Armagnac-Pflaumen

Für ca. 5 Gläser (à ca. 250 ml)

500 g getrocknete Pflaumen
1 Zimtstange
3 Kardamomkapseln
1 Vanilleschote
200 g Zucker
ca. 600 ml Armagnac

Zubereitungszeit: ca. 15 Minuten (plus Koch- und Ziehzeit)

1 Große Pflaumen halbieren, kleine ganz belassen. Mit der Zimtstange und den Kardamomkapseln in einen Topf geben. Die Vanilleschote längs aufschneiden und das Mark herauskratzen. Beides zu den Pflaumen geben. Dann 150 ml Wasser und den Zucker hinzugeben. Alles unter Rühren aufkochen und bei mäßiger Hitze ca. 12 Minuten köcheln lassen.

2 Die Gewürze aus dem Sud nehmen und die Trockenfrüchte auf die Gläser verteilen. Den Sirup noch mal aufkochen und kochend heiß auf die Gläser verteilen. Spritzer vom Glasrand sofort mit einem sauberen Tuch entfernen. Die Gläser vollständig mit Armagnac auffüllen und sofort verschließen. Mindestens 1 Woche ziehen lassen.

Tipp:

Sie können auch andere Trockenfrüchte, wie zum Beispiel Aprikosen, ebenso einlegen.

Zwetschgenkompott
mit Mandeln

Für ca. 3 Gläser (à ca. 750 ml)

75 g Mandeln
2 kg Zwetschgen
1 unbehandelte Orange
200 g Zucker
½ Zimtstange

Zubereitungszeit: in der Mikrowelle ca. 35 Minuten, im Backofen ca. 35 Minuten (plus Einkoch- und Nachgarzeit)

1 Die Mandeln in ein Sieb geben und mit kochendem Wasser überbrühen. Auskühlen lassen, dann die Kerne aus ihren Häuten drücken.

2 Die Zwetschgen waschen, trocknen, die Stiele abzupfen und die Früchte halbieren. Die Steine entfernen. Die Früchte mit den Mandeln in die Gläser füllen. Die Orange heiß waschen und trocken reiben. 6 Schalenstücke abschälen, dabei darauf achten, dass die weiße Innenhaut nicht ebenfalls abgeschält wird. Die Schalenstücke ebenfalls in die Gläser geben. Die Orange auspressen und den Saft auf die Gläser verteilen.

3 500 ml Wasser mit dem Zucker und der zerkleinerten Zimtstange in einen Topf geben. Unter Rühren aufkochen lassen und ca. 3 Minuten köcheln lassen. Dann etwas abkühlen lassen und erneut aufkochen. Diesen Vorgang noch zweimal wiederholen. Den Zuckersud auf die Gläser verteilen, die Zimtstangenstücke hinzugeben und die Gläser fest verschließen.

4 Je 1 Glas in die Mikrowelle stellen und bei 720 Watt ca. 4 Minuten erhitzen, bis es darin zu perlen beginnt. Dann auf 180 Watt herunterschalten und jedes Glas noch einmal 4 Minuten weitergaren lassen.

5 Fürs Einkochen im Backofen die Gläser in die Fettpfanne des Ofens stellen und 2 cm hoch Wasser einfüllen. Den Ofen auf 180 °C heizen und die Gläser ca. 30 Minuten so lange einkochen, bis es darin zu perlen beginnt. Dann den Ofen ausstellen und die Gläser weitere 25 Minuten im heißen Ofen belassen. Ungeöffnet halten sich die Gläser etwa 1 Jahr.

Sauerkirsch-Aprikosen-*Kompott*

Für ca. 5 Gläser (à ca. 250 ml)

600 g Aprikosen
400 g Sauerkirschen
1 unbehandelte Zitrone
1 Vanilleschote
½ Zimtstange
275 g Gelierzucker 2:1
100 ml Aprikosenlikör (ersatzweise Pfirsichlikör)

Zubereitungszeit: ca. 1 Stunde (plus Zeit zum Ziehen)

1 Die Aprikosen kreuzweise einritzen. Jeweils ein paar Aprikosen auf eine Schaumkelle legen und für ca. 30 Sekunden in kochendes Wasser halten. Dann abschrecken und die Früchte häuten. Halbieren und die Steine herauslösen.

2 Die Sauerkirschen waschen, trocken tupfen, die Stiele abzupfen und die Früchte entkernen. Austretenden Saft auffangen. Die unbehandelte Zitrone heiß waschen, trocknen, die Schale dünn abreiben und die Frucht auspressen. Die Vanilleschote längs halbieren und das Mark herausschaben.

3 Aprikosenhälften, Sauerkirschen mit Saft, Zitronenschale und -saft, Vanilleschote mit Mark und Zimtstange in eine Schüssel geben. Den Zucker darunterheben und den Likör dazugießen. Alles abdecken und für ca. 3 Stunden ziehen lassen.

4 Die Mischung in einen Topf füllen und mit 150 ml Wasser begießen. Bei mittlerer Hitze aufkochen und ca. 3 Minuten sprudelnd kochen lassen. Dann kochend heiß in sterile Gläser füllen. Spritzer vom Rand sofort mit einem sauberen Tuch entfernen. Die Gläser verschließen und für ca. 5 Minuten auf den Kopf stellen. Dann umdrehen und vollständig auskühlen lassen.

Cranberrykompott

Für ca. 5 Gläser (à ca. 225 ml)

700 g Cranberrys
3–4 Orangen, 1 davon unbehandelt
225 g brauner Zucker

Zubereitungszeit: ca. 25 Minuten (plus Kochzeit)

1 Die Cranberrys waschen, trocknen und verlesen. Die unbehandelte Orange heiß waschen. Die Schale dünn abreiben. 3 Orangen auspressen. 275 ml Saft abmessen.

2 Den Orangensaft mit dem Zucker und der abgeriebenen Orangenschale in einen Topf geben. Unter Rühren erwärmen, bis sich der Zucker aufgelöst hat. Nun die Cranberrys dazugeben. Aufkochen lassen und bei mittlerer Hitze ca. 10 Minuten köcheln lassen, bis die Beeren aufplatzen.

3 Das Kompott kochend heiß in sterile Gläser füllen. Spritzer vom Rand sofort mit einem sauberen Tuch entfernen. Die Gläser sofort verschließen und für ca. 5 Minuten auf den Kopf stellen. Dann umdrehen und vollständig auskühlen lassen.

Heidelbeer-Birnen-Kompott

Für ca. 4 Gläser (à ca. 500 ml)

100 g Rosinen
2 Grapefruits
300 g Heidelbeeren
100 g Johannisbeeren
300 g Zucker
2 Tl Zimt
600 g Birnen
300 g Äpfel
100 g Mandelstifte

Zubereitungszeit: ca. 30 Minuten (plus Einweich- und Kochzeit)

1 Die Rosinen in ein Sieb geben und mit kochendem Wasser übergießen. Abtropfen lassen, dann in eine Schale füllen. Die Grapefruits auspressen und den Saft über die Rosinen gießen. Ca. 30 Minuten darin einweichen.

2 Die Heidelbeeren und Johannisbeeren waschen und trocken tupfen. Stiele entfernen und die Beeren verlesen. Mit Zucker und Zimt in einen Topf geben. Die Birnen und Äpfel waschen, trocknen und schälen. Die Früchte vierteln und die Kerngehäuse entfernen. Die Fruchtspalten in nicht zu kleine Würfel schneiden. Mit 150 ml Wasser zu der Heidelbeermischung geben, alles bei mittlerer Hitze aufkochen und ca. 10 Minuten dünsten. Die Rosinen mit Saft und die Mandelstifte unterrühren. Weitere 3 Minuten köcheln lassen.

3 Das Kompott kochend heiß in sterile Gläser füllen. Spritzer vom Rand sofort entfernen. Die Gläser sofort verschließen und für ca. 5 Minuten auf den Kopf stellen. Dann umdrehen und vollständig auskühlen lassen.

Wodka-Vanille-Mirabellen

Für ca. 2 Gläser (à ca. 600 ml)

500 g Mirabellen
1 Vanilleschote
200 g Zucker
500 ml Wodka

Zubereitungszeit: ca. 20 Minuten (plus Ziehzeit)

1 Die Mirabellen waschen und trocknen. Die Früchte mit einem Spießchen jeweils mehrfach einstechen. Die Vanilleschote längs aufschneiden und das Mark herausschaben. Beides mit dem Zucker zu den Früchten geben.

2 Die Frucht-Zucker-Mischung in Gläser schichten. Den Wodka darübergießen, sodass alles vollständig bedeckt ist. Im Kühlschrank mindestens 2 Wochen ziehen lassen. Ungeöffnet sind die Früchte ca. 3 Monate haltbar.

Tipp:

Mischen Sie einmal 250 g Mirabellen und 250 g Renekloden.

Rezeptverzeichnis

Bildnachweis

Foodfotografie Michael Brauner: S. 3 oben, 13, 14, 20, 23, 31, 54, 61,114, 119, 121, 122, 124, 140/141, 147, 148, 151, 153, 155, 156, 165, 167

Studio Klaus Arras: S. 49, 105, 113, 161

TLC Fotostudio: alle übrigen Fotos